Cozinha Lenta 2023

Sabores Intensos com Pouco Esforço

Luísa Mendes

Tabela de conteúdo

Sopa cremosa de funcho com nozes 11

creme de nabo 13

Sopa de Alho Perfumado com Pão 15

Sopa de Batata com Abacate 17

Sopa de Salsicha de Legumes e Queijo 18

Sopa de Batata para o Frio 20

sopa de feijão 22

Sopa de feijão do Norte 24

Sopa de Batata e Couve-Flor 26

Chili de frango da mamãe 28

Delicioso pimentão picante de cogumelos 30

Frango e Batatas com Molho 32

Frango e legumes com molho de queijo 33

Frango quente com batatas 35

Paprikash de frango com macarrão 36

Peitos de Peru Laranja 38

Frango Teriyaki com Arroz Basmati 40

Frango úmido e macio com cebola caramelizada 41

Caril de Frango com Amêndoas 43

pudim de frango incrível 44

Peru temperado com chucrute 45

Peitos de peru com cranberries 47

Peru com Molho de Cebola e Alho 48

Repolho da vovó com carne 49

delicioso strogonoff de carne 50

Peito de carne enlatada country 52

Legumes Assados 54

Carne Assada com Tubérculos 56

Bife de vaca com molho de cogumelos 57

Carne de porco suculenta com molho de maçã 58

presunto com abacaxi 59

Porco assado com cranberries e batata doce 61

Salsichas com chucrute e cerveja 63

Bifes de porco em molho de ameixa 64

Assado de porco picante com legumes 65

Costelinha de Porco Country com Molho de Gengibre 67

porco assado na cerveja 69

Sopa de Frango Picante 70

Sopa quente de frango com espinafre 72

Sopa de Camarão com Abacate 73

Sopa de Camarão com Milho e Batata 75

Costelinha de porco picante 77

Costelinha de porco ao molho doce 79

Chili de batata-doce quente 81

Chili com peru e pimenta assada 83

Abóbora Feijão Preto Chili 85

Cannellini de feijão de peru e pimentão 87

Chili fácil de carne e porco 89

pimentão italiano 91

Pimenta favorita da família 93

Chili de lombo fácil 95

Deliciosa sopa de tomate e feijão 97

Cordeiro Chile com Presunto 99

Sopa Cremosa De Legumes 101

Sopa de Couve de Bruxelas de Outono 102

Creme Vegetariano de Sopa de Milho 104

Sopa rica de batata e pistú 106

Sopa Refrescante de Pimentão Vermelho Assado 108

Ensopado de Carne à Moda Antiga 110

Sopa Picante De Pepino 112

Ensopado de carne delicioso e fácil 114

ensopado de frango saudável 116

Ensopado de Salsicha e Peru 118

Ensopado de Peru e Feijão 119

Caldeirada de Bacalhau e Camarão 121

Ensopado de peixe com especiarias de verão 123

Ensopado vegetariano para todas as estações 125

Ensopado vegano de trigo, frutas silvestres e lentilha 127

pimentão vermelho família 128

Peru Chili com Couve 130

Salsicha picante de frango com pimenta 132

Pimentão Pepperoni Picante 134

Esparguete com Feijão e Espargos 136

Feijão verde picante fácil 138

Feijão Verde Cremoso Favorito 140

Rolinhos de bife com cogumelos 141

Rouladen Quente Favorito 143

costelas suculentas 145

Bolo de carne italiano fácil 146

Bolo De Queijo Todos os Dias 148

Bolo de Carne com Curry de Amendoim 150

Purê de Feijão Temperado da Mamãe	152
Chutou Cajun Jambalaya	153
Porco Assado Picante	155
Folhas de repolho recheadas abundantes	157
Lombo de Porco Refogado com Leite	159
Purê De Batatas Com Cenouras	161
presunto cozido festivo	163
Manteiga de maçã favorita da família	164
Frango italiano com brócolis	165
Presunto Defumado De Laranja Doce	167
Frango Xerez com Purê de Batatas	168
Frango chutado com abobrinha	170
Galinhas festivas da Cornualha	172
Salmão com Molho de Alcaparras	173
Pão de salmão com ervas e molho	175
Lazy Man Macarrão com Queijo	177
Frango mediterrâneo com abobrinha	178
Abóbora Espaguete Recheada Mediterrânea	180
Caçarola de tomate todos os dias	182
Caçarola de Macarrão Quatro Queijos	183
Caçarola cremosa de macarrão com legumes	184

massa à bolonhesa à moda antiga 186

Enchiladas Mexicanas Tradicionais 188

peitos de frango recheados 190

Macarrão com molho de tomate 191

Farfalle com Molho de Cogumelos 192

Risi Bisi do norte da Itália 193

Risoto de pecorino e ervilha 195

Risoto com Abobrinha e Abóbora Amarela 197

Bolo de Ovos com Cogumelos 199

risoto de maçã aromática 201

Delicioso suflê salgado 203

Esparguete com Espargos e Feijão 204

Feijão Verde Fácil e Delicioso 205

delícia mediterrânea vegana 206

Feijão quente 208

Feijão Cannellini Cozido com Ervas 210

Feijão delicioso com especiarias doces 211

Mel Beterraba Fácil Com Passas 213

Couve de Bruxelas Vitrificada com Cebola Pérola 214

Purê de batata e cenoura com ervas 215

repolho de inverno com bacon 217

Repolho Creme Vegetariano 218

Incríveis cenouras com cobertura de laranja 220

Couve Cremosa Mediterrânea 221

Sopa cremosa de funcho com nozes

(Pronto em cerca de 4 horas | Serve 6)

Ingredientes
- 3 ½ caldo de galinha
- 1 ½ xícaras de bulbos de funcho
- 1/2 xícara de aipo picado
- 1 cenoura média, picada
- 2 batatas Idaho grandes, descascadas e cortadas em cubos
- 1/2 xícara de cebolinha picada
- 2 dentes de alho picados
- 1 colher de sopa de molho de soja
- 1 colher de sopa de vinagre de maçã
- 1/2 xícara de leite com 2% de gordura reduzida
- Sal a gosto
- Pimenta preta moída a gosto
- Nozes torradas picadas, como guarnição

Endereços

1. Em uma panela de barro, misture os sete primeiros ingredientes. Cozinhe em fogo alto por cerca de 4 horas.

2. Coloque a sopa preparada em um processador de alimentos e bata até ficar homogêneo.

3. Adicione os demais ingredientes, exceto as nozes picadas, e continue cozinhando por mais 5 minutos.

4. Divida entre as tigelas de servir; polvilhe nozes por cima e sirva.

creme de nabo

(Pronto em cerca de 4 horas | Serve 6)

Ingredientes

- 3 ½ caldo de legumes
- 1 ½ xícaras de nabos picados
- 2 cenouras médias, picadas
- 1 batata grande, descascada e em cubos
- 1/2 xícara de cebola picada
- 2 dentes de alho picados
- 1 colher de sopa de molho tamari
- 1/2 xícara de leite integral
- 1/4 colher de chá de pimenta branca moída
- 1 colher de chá de tomilho seco
- Sal a gosto
- Pimenta preta moída a gosto
- 3/4 xícara de queijo suíço com baixo teor de gordura, ralado
- Cubos de pão torrado, como guarnição

Endereços

1. Despeje o caldo de legumes em uma panela de barro. Adicione nabos, cenouras, batatas, cebolas e alho. Coloque a panela de barro em fogo alto; cozinhe por cerca de 4 horas.

2. Despeje a sopa em um processador de alimentos e bata até obter a consistência desejada.

3. Volte para a panela de barro; adicione o molho de tamari, leite, pimenta branca, tomilho, sal e pimenta preta. Cozinhe mais 5 minutos.

4. Cubra com queijo suíço. Decore com cubos de pão torrado e sirva.

Sopa de Alho Perfumado com Pão

(Pronto em cerca de 4 horas | Serve 4)

Ingredientes

- 8 dentes de alho picados
- 1 litro de caldo de legumes
- 1/2 colher de chá de folhas secas de orégano
- 1/2 colher de chá de sementes de aipo
- Sal a gosto
- pimenta preta a gosto
- 2 colheres de sopa de azeite
- 4 fatias de pão
- Cebolinha picada, para decorar

Endereços

1. Combine alho, caldo de legumes, folhas secas de orégano e sementes de aipo em uma panela de barro; tampe e cozinhe em fogo alto por 4 horas.

2. Tempere com sal e pimenta preta.

3. Em uma frigideira pesada, aqueça o azeite em fogo médio. Frite as fatias de pão, 2 a 3 minutos de cada lado, até dourar.

4. Arrume as fatias de pão em tigelas de sopa; Espalhe a sopa de alho sobre eles e polvilhe com cebolinha picada. Desfrutar!

Sopa de Batata com Abacate

(Pronto em cerca de 5 horas | Serve 4)

Ingredientes

- 1 ½ xícaras de caldo de galinha
- 3 xícaras de batatas descascadas e cortadas em cubos
- 1 xícara de milho
- 1 xícara de peito de peru defumado, em cubos
- 1 colher de chá de folhas secas de tomilho
- Sumo de 1 lima fresca
- 1 xícara de abacate, em cubos
- 1 colher de chá de sal marinho
- 1/2 pimenta preta moída

Endereços

1. Misture o caldo de galinha, as batatas, os grãos de milho, os peitos de peru e o tomilho em uma panela de barro.
2. Cubra e cozinhe em fogo alto por 4 a 5 horas.
3. Adicione o limão, o abacate, o sal e a pimenta-do-reino. Participar.

Sopa de Salsicha de Legumes e Queijo

(Pronto em cerca de 5 horas | Serve 6)

Ingredientes

- 1 xícara de linguiça defumada, fatiada
- 2 xícaras de caldo de carne com baixo teor de sódio
- 2 ½ xícaras de creme de milho
- 1 cebola picada
- 1 ½ xícaras de tomates de ameixa, em cubos
- 1 pimentão vermelho doce, picado
- 2 xícaras de leite integral
- 2 colheres de amido de milho
- 3/4 xícara de queijo suíço
- Sal a gosto
- 1/4 colher de chá de pimenta preta
- 1/4 colher de chá de pimenta caiena

Endereços

1. Combine os seis primeiros ingredientes em sua panela de barro; cubra com uma tampa.

2. Cozinhe em fogo alto por cerca de 5 horas.

3. Adicione o leite e o amido de milho, mexendo por cerca de 3 minutos.

4. Adicione o queijo suíço; tempere com sal, pimenta do reino e pimenta caiena; participar.

Sopa de Batata para o Frio

(Pronto em cerca de 5 horas | Serve 4)

Ingredientes

- 2 xícaras de batatas, em cubos
- 2 xícaras de milho
- 1 cebola média picada
- 1 xícara de água
- 1 xícara de caldo de galinha
- 1/2 xícara de aipo, fatiado
- 1 colher de chá de folhas secas de manjericão
- 1/2 colher de chá de endro seco
- 1 ½ xícaras de leite
- Sal a gosto
- 1/4 colher de chá de pimenta branca

Endereços

1. Combine batatas, milho, cebola, água, caldo, aipo, manjericão e endro em uma panela de barro.

2. Cubra e cozinhe em fogo alto por 4 a 5 horas.

3. Adicione o restante dos ingredientes e sirva quente ou em temperatura ambiente.

sopa de feijão

(Pronto em cerca de 6 horas | Serve 8)

Ingredientes

- 2 xícaras de água
- 2 xícaras de caldo de carne
- 15 ½ onças de feijão enlatado, enxaguado e escorrido
- 1 pimenta vermelha doce
- 1 folha de louro
- 2 cebolas grandes, picadas
- 2 dentes de alho picados
- 1/2 colher de chá de pimenta em pó
- 1/4 xícara de xerez seco
- Sal e pimenta-do-reino moída na hora, a gosto.
- Queijo azul para decorar

Endereços

1. Em uma panela de barro, coloque água, caldo de carne, feijão enlatado, pimentão vermelho, louro, cebola, alho e pimenta em pó.

2. Cozinhe tampado em fogo alto por 5 a 6 horas.

3. Adicione xerez seco durante os últimos 15 minutos; tempere com sal e pimenta, prove e ajuste os temperos.

4. Sirva com queijo azul e divirta-se!

Sopa de feijão do Norte

(Pronto em cerca de 6 horas | Serve 8)

Ingredientes

- 2 xícaras de caldo de galinha
- 2 xícaras de água
- 2 xícaras de feijão grande do norte, enxaguado e escorrido
- 1 cenoura grande fatiada
- 2 xícaras de alho-poró bem picado
- 2-3 dentes de alho picados
- 1 colher de chá de manjericão seco
- 1 colher de chá de tomilho seco
- 1 colher de chá de sementes de aipo
- 1 colher de sopa de vinagre de maçã
- 1/2 colher de chá de sal
- 1/2 colher de chá de pimenta preta moída

Endereços

1. Em uma panela de barro, misture o caldo de galinha, água, feijão, cenoura, alho-poró, alho, manjericão, tomilho e semente de aipo.

2. Cubra com uma tampa; cozinhe em fogo alto por 5 a 6 horas, adicionando vinagre de maçã nos últimos 15 minutos. Adicione sal e pimenta-do-reino moída; servir quente.

Sopa de Batata e Couve-Flor

(Pronto em cerca de 4 horas | Serve 6)

Ingredientes

- 3 xícaras de caldo de galinha com sódio reduzido
- 3 ½ xícaras de batatas descascadas e cortadas em cubos
- 1 xícara de cebolinha picada
- 1/2 cabeça de couve-flor
- 1/2 xícara de aipo, cortado em fatias finas
- 1/4–1/2 colher de chá de semente de aipo
- 1 xícara de leite integral
- 2 colheres de amido de milho
- Sal e pimenta branca a gosto
- 1/4 colher de chá de flocos de pimenta vermelha esmagados
- Noz-moscada moída, como guarnição

Endereços

1. Combine todos os ingredientes, exceto leite integral, amido de milho, sal, pimenta branca, pimentão vermelho e noz-moscada em uma panela de barro.

2. Tampe e cozinhe em fogo alto por cerca de 4 horas.

3. Adicione os restantes ingredientes combinados, exceto a noz-moscada, durante os últimos 20 minutos.

4. Divida entre seis tigelas de sopa; Sirva polvilhado com noz-moscada moída!

Chili de frango da mamãe

(Pronto em cerca de 8 horas | Serve 6)

Ingredientes

- 1 quilo de peito de frango, desossado e sem pele
- 1 xícara de alho-poró bem picadinho
- 2 tomates ameixa, em cubos
- 1 lata de feijão (15 onças), enxaguada e escorrida
- 2 dentes de alho picados
- 1 colher de chá de pimenta em pó
- 1/2 colher de chá de pimenta da Jamaica
- 1 tira de raspas de laranja
- Sal e pimenta preta a gosto
- salsa fresca picada, para decorar
- Folhas de coentro picadas para decorar

Endereços

1. Corte o frango em pedaços pequenos.

2. Em sua panela de barro, misture todos os ingredientes, exceto a salsinha e o coentro.

3. Tampe e cozinhe em fogo baixo por aproximadamente 8 horas.

4. Sirva sobre o arroz. Polvilhe com salsa e coentro. Desfrutar!

Delicioso pimentão picante de cogumelos

(Pronto em cerca de 8 horas | Serve 6)

Ingredientes
- 1 libra de peito de frango, em cubos
- 2 xícaras de caldo de galinha com sódio reduzido
- 1 xícara de água
- 2 xícaras de feijão em lata, lavado e escorrido
- 2 cebolas roxas grandes
- 1 pimentão vermelho doce, picado
- 1 xícara de cogumelos, fatiados
- 1 colher de chá de raiz de gengibre, picada
- 1 colher de chá de pimenta jalapeno, picada
- 1 colher de chá de cominho moído
- 2 folhas de louro
- 1/2 colher de chá de sal marinho
- 1/2 colher de chá de pimenta preta moída
- 1/2 colher de chá de pimenta caiena

Endereços

1. Adicione todos os ingredientes a uma panela de barro.

2. Em seguida, cozinhe tampado em fogo baixo por 6 a 8 horas.

3. Prove, ajuste os temperos e sirva.

Frango e Batatas com Molho

(Pronto em cerca de 6 horas | Serve 4)

Ingredientes

- 3/4 xícara de peito de frango desossado e sem pele
- 4 batatas médias descascadas e cortadas em cubos
- 1 cebola amarela média, fatiada
- 1 ½ xícara de creme de cogumelos
- 1 ½ xícara de creme de frango
- 1/4 colher de chá de pimenta branca
- 1/4 colher de chá de pimenta preta

Endereços

1. Coloque todos os ingredientes em sua panela de barro.
2. Cubra e cozinhe por cerca de 6 horas ou até que a carne esteja cozida.
3. Sirva com um montão de creme azedo e sua salada mista favorita.

Frango e legumes com molho de queijo

(Pronto em cerca de 6 horas | Serve 4)

Ingredientes

- 2 xícaras de caldo de galinha
- 4 peitos de frango médios sem osso e sem pele
- 1 quilo de feijão verde
- 1 pimentão vermelho doce
- 1 cebola, cortada em rodelas
- 3 batatas médias descascadas e cortadas em cubos
- 3 dentes de alho, picados
- 1/2 colher de chá de manjerona seca
- 1/4 colher de chá de pimenta preta moída na hora
- 1/2 xícara de cream cheese, cortado em cubos
- 1 colher de chá de mostarda Dijon
- 2 colheres de vinagre balsâmico

Endereços

1. Basta colocar todos os ingredientes, exceto o queijo, a mostarda e o vinagre balsâmico, em uma panela de barro.

2. Cubra e cozinhe em fogo baixo por 5 a 6 horas.

3. Retire o frango e os legumes da panela de barro e mantenha-os aquecidos.

4. Para fazer o molho, adicione o queijo, a mostarda e o vinagre ao caldo na panela de barro. Mexa até que tudo esteja bem incorporado e o queijo derreta.

5. Divida o frango e os vegetais entre quatro tigelas.

6. Sirva o molho sobre o frango e os legumes. Servir quente.

Frango quente com batatas

(Pronto em cerca de 5 horas | Serve 4)

Ingredientes

- Spray de cozinha antiaderente
- 1/2 xícara de batatas
- 1 xícara de sobras de frango cozido, em cubos
- 2 folhas de louro
- 3-4 grãos de pimenta
- 2 xícaras de caldo de galinha
- 2 xícaras de água
- 2 colheres de sopa de vinho branco seco
- Pimenta preta moída, a gosto
- 1 colher de chá de pimenta em pó

Endereços

1. Cubra sua panela de barro com spray antiaderente.
2. Coloque todos os ingredientes na panela de barro untada.
3. Tampe e cozinhe em fogo baixo por 5 horas.

Paprikash de frango com macarrão

(Pronto em cerca de 8 horas | Serve 8)

Ingredientes

- 2 colheres de sopa de azeite
- 1 cebola grande, descascada e picada
- 2 dentes de alho picados
- 3 libras de coxas de frango, desossadas e sem pele
- 2 folhas de louro
- 1 colher de chá de sal marinho
- 1/2 colher de chá de pimenta-do-reino moída a gosto
- 1 colher de sopa de páprica
- 1/2 xícara de caldo de galinha
- 1/4 xícara de vinho branco seco
- 1 xícara de requeijão
- Macarrão de ovo, cozido

Endereços

1. Em uma frigideira pesada, aqueça o azeite em fogo médio. Refogue a cebola e o alho até ficarem macios.

2. Corte as coxas de frango em pedaços pequenos. Adicione o frango à panela e refogue por 5 a 6 minutos. Substitua a panela de barro.

3. Adicione as folhas de louro, sal marinho, pimenta do reino, páprica, caldo de galinha e vinho branco; tampe e cozinhe por cerca de 8 horas.

4. Adicione o cream cheese e sirva sobre o macarrão cozido.

Peitos de Peru Laranja

(Pronto em cerca de 8 horas | Serve 8)

Ingredientes

- Spray de cozinha antiaderente
- 3 libras de peito de peru, sem osso e sem pele
- 1 cebola média picada
- 1/2 xícara de suco de laranja
- 1 colher de geleia de laranja
- 1 colher de vinagre balsâmico
- 1 colher de sopa de molho Worcestershire
- 1 colher de chá de mostarda
- 1/2 colher de chá de sal kosher
- 1/4 colher de chá de pimenta preta moída

Endereços

1. Trate sua panela de barro com spray de cozinha antiaderente. Corte o peru em pedaços pequenos. Transfira para a panela de barro e adicione a cebola.

2. Em um copo ou tigela medidora, misture o suco de laranja, a geléia, o vinagre balsâmico, o molho Worcestershire, a mostarda, o sal e a pimenta-do-reino. Despeje na panela de barro.

3. Cubra com uma tampa; cozinhe por cerca de 8 horas.

4. Sirva sobre as batatas assadas.

Frango Teriyaki com Arroz Basmati

(Pronto em cerca de 8 horas | Serve 8)

Ingredientes

- 2 libras de frango, desossado e cortado em tiras
- 1 xícara de ervilha verde
- 1 pimentão vermelho doce, picado
- 1 pimentão doce amarelo picado
- 1 xícara de cebolinha
- 1/2 xícara de caldo de galinha
- 1 xícara de molho teriyaki
- sal marinho a gosto
- 1/4 colher de chá de pimenta preta moída

Endereços

1. Adicione todos os ingredientes à panela de barro. Mexa para combinar.
2. Tampe e cozinhe em fogo baixo por aproximadamente 6 horas.
3. Sirva sobre o arroz basmati.

Frango úmido e macio com cebola caramelizada

(Pronto em cerca de 6 horas | Serve 4)

Ingredientes
- 2 colheres de manteiga
- 1 cebola grande, picada
- 1 colher de chá de açúcar
- 2 dentes de alho picados
- 1 colher de sopa de caril em pó
- 1 xícara de água
- 3/4 colher de chá de caldo de galinha concentrado
- 8 coxas de frango, sem pele
- Arroz branco de grão longo cozido, como guarnição

Endereços

1. Em uma frigideira pequena, derreta a manteiga em fogo médio. Adicione a cebola e cozinhe por 10 minutos, mexendo de vez em quando.

2. Em seguida, aumente o fogo para médio-alto; adicione o açúcar e cozinhe por mais 10 minutos ou até que as cebolas estejam douradas. Transfira para a panela de barro.

3. Adicione os ingredientes restantes, exceto o arroz cozido; cozinhe coberto por cerca de 6 horas.

4. Divida entre quatro pratos de servir e sirva com arroz branco de grão longo.

Caril de Frango com Amêndoas

(Pronto em cerca de 6 horas | Serve 4)

Ingredientes

- 1 colher de sopa de azeite
- 1 xícara de alho-poró picado
- 2 dentes de alho picados
- 1 ½ colher de sopa de caril em pó
- 1 xícara de leite de amêndoa
- 1/2 xícara de água
- 8 coxas de frango, sem pele
- 1 1/2 xícaras de aipo, cortado na diagonal
- 1 xícara de amêndoas laminadas, torradas

Endereços

1. Em uma frigideira pesada, aqueça o azeite; refogue o alho-poró até ficar macio. Transfira para a panela de barro.
2. Adicione o restante dos ingredientes, exceto as amêndoas picadas.
3. Cubra com uma tampa adequada e cozinhe por aproximadamente 6 horas.
4. Espalhe as amêndoas torradas por cima e sirva quente!

pudim de frango incrível

(Pronto em cerca de 8 horas | Serve 4)

Ingredientes
- Spray de cozinha antiaderente
- 1 xícara de sopa de galinha
- 1 pimentão verde, fatiado
- 1 pimentão vermelho cortado em rodelas
- 1 cenoura em fatias finas
- 1/2 xícara de leite
- 1 xícara de peito de frango desossado e sem pele
- 1 ½ xícaras de água

Endereços
1. Cubra uma panela de barro com spray antiaderente.
2. Adicionar o resto dos ingredientes.
3. Cubra com uma tampa; Coloque a panela de barro em fogo baixo e cozinhe por 8 horas.

Peru temperado com chucrute

(Pronto em cerca de 8 horas | Serve 6)

Ingredientes

- 1 libra de cenoura, em fatias finas
- 1 talo de aipo, finamente picado
- 1 xícara de alho-poró picado
- 2 dentes de alho, descascados e picados
- 1 peito de peru grande, sem osso
- 2 libras de chucrute, enxaguado e escorrido
- 6 batatas vermelhas médias, lavadas e perfuradas
- 2 copos de cerveja
- 1/2 colher de chá de sálvia seca
- 1/2 colher de chá de alecrim seco
- Sal a gosto
- 1/2 colher de chá de pimenta preta moída

Endereços

1. Em uma panela de barro, coloque todos os ingredientes.

2. Coloque a panela de barro em fogo baixo; cozinhe coberto cerca de 8 horas.

3. Em seguida, prove o tempero e ajuste se necessário; participar.

Peitos de peru com cranberries

(Pronto em cerca de 8 horas | Serve 8)

Ingredientes

- Spray de cozinha com sabor de manteiga
- 1 colher de sopa de caldo de galinha concentrado
- 2 xícaras de molho de cranberry inteiro
- 1/4 colher de chá de água
- 1 peito de peru desossado de tamanho médio, esquartejado

Endereços

1. Cubra a panela de barro com spray de cozinha com sabor de manteiga. Adicionar o resto dos ingredientes; mexa para combinar.

2. Cubra e cozinhe em fogo baixo por 8 horas ou cozinhe em fogo alto por 4 horas. Sirva com creme azedo.

Peru com Molho de Cebola e Alho

(Pronto em cerca de 8 horas | Serve 8)

Ingredientes

- 5 cebolas roxas grandes, em fatias finas
- 4 dentes de alho, picados
- 1/4 xícara de vinho branco seco
- 1/2 colher de chá de sal marinho
- 1/4 colher de chá de pimenta preta moída
- 1/4 colher de chá de pimenta caiena
- 4 grandes coxas de peru, pele removida

Endereços

1. Coloque a cebola e o alho no fundo da panela de barro. Despeje o vinho e polvilhe com sal, pimenta do reino e pimenta caiena.

2. Adicione as coxas de peru. Cobrir; cozinhe por cerca de 8 horas.

3. Retire as coxas de peru da panela de barro. Limpe a carne dos ossos do peru.

4. Descubra a panela de barro e continue cozinhando até que o líquido tenha evaporado. Mexa de vez em quando.

5. Retorne o peru para a panela de barro. Em seguida, coloque o peru na mistura na panela de barro. Participar.

Repolho da vovó com carne

(Pronto em cerca de 4 horas | Serve 4)

Ingredientes

- 1 quilo de carne bovina cozida, cortada em pedaços pequenos
- 1 cebola média, descascada e picada
- 1 xícara de repolho picado
- 2 batatas médias, cortadas em cubos
- 2 cenouras, descascadas e cortadas em fatias finas
- 1 talo de aipo picado
- 1 dente de alho, descascado e picado
- 2 xícaras de caldo de carne
- 2 xícaras de tomates enlatados, cortados em cubos
- Sal a gosto
- 1/4 colher de chá de pimenta preta moída

Endereços

1. Coloque todos os ingredientes em uma panela de barro; mexa para combinar.
2. Coloque a panela de barro em fogo alto e cozinhe por 1 hora. Em seguida, abaixe o fogo e cozinhe por 3 a 4 horas.
3. Prove e ajuste os temperos; servir quente.

delicioso strogonoff de carne

(Pronto em cerca de 4 horas e 30 minutos | Serve 4 pessoas)

Ingredientes

- 1 libra de carne cozida, desfiada
- 1/2 xícara de cogumelos fatiados, escorridos
- 1 cebola picada
- 2-3 dentes de alho picados
- 1/2 xícara de caldo de carne
- 1 xícara de creme de cogumelos
- 2 colheres de sopa de vinho branco seco
- 1 xícara de requeijão
- 1 folha de louro
- 1/2 colher de chá de sálvia seca
- 1/2 colher de chá de alecrim seco

Endereços

1. Coloque todos os ingredientes, exceto o cream cheese, na panela de barro. Tampe e cozinhe em fogo baixo por 4 horas.

2. A seguir, corte o cream cheese em pedaços pequenos; adicione à panela de barro. Cubra e cozinhe por mais 1/2 hora ou até o queijo derreter.

3. Sirva sobre seu macarrão de ovo favorito.

Peito de carne enlatada country

(Pronto em cerca de 8 horas e 45 minutos | Serve 12)

Ingredientes
- 4 quilos de peito de carne enlatada
- 2 dentes de alho, descascados e picados
- 2 cebolas picadas
- 1 xícara de água
- 1 folha de louro
- 1/2 xícara de caldo de carne
- 1 colher de sopa de páprica
- 1/2 colher de chá de noz-moscada ralada na hora
- 1/2 colher de chá de pimenta branca
- algumas gotas de fumaça líquida

Endereços

1. Corte o excesso de gordura do peito bovino. Transfira o peito de carne para a panela de barro.

2. Adicione os ingredientes restantes; tampe e cozinhe por 8 horas.

3. Pré-aqueça o forno a 350 graus F. Coloque o peito na assadeira; assar por 45 minutos.

4. Sirva sobre batatas recortadas, se desejar.

Legumes Assados

(Pronto em cerca de 8 horas | Serve 6)

Ingredientes

- 1 quilo de cenoura
- 3 batatas médias, cortadas em quartos
- 2 dentes de alho, descascados e picados
- 2 talos de aipo, em cubos
- 1 pimentão vermelho doce, sem sementes e picado
- 1 cebola grande, picada
- 3 quilos de rosbife, sem osso
- 1 colher de chá de caldo concentrado
- 1/2 colher de chá de pimenta preta
- 1 xícara de água
- 1 xícara de suco de tomate
- 1 colher de sopa de molho de soja

Endereços

1.Coloque os legumes em sua panela de barro.

2.Corte a carne assada em porções do tamanho de uma porção. Disponha os pedaços de rosbife sobre os legumes.

3.Em uma tigela, misture o caldo concentrado, a pimenta-do-reino, a água, o suco de tomate e o molho de soja. Bata para combinar. Adicione esta mistura líquida à panela de barro.

4.Cubra e cozinhe por cerca de 8 horas.

Carne Assada com Tubérculos

(Pronto em cerca de 8 horas | Serve 12)

Ingredientes

- 4 batatas russet, cortadas em quartos
- 1 xícara de água
- 4 pastinacas, esquartejadas
- 3 rutabagas, esquartejadas
- 1 cebola fatiada
- 1/2 xícara de alho-poró, fatiado
- 7 dentes de alho, fatiados
- 4 libras de rosbife redondo magro
- 1 caldo de carne concentrado
- 1 colher de chá de páprica defumada
- 1/2 colher de chá de pimenta preta moída na hora

Endereços

1. Basta colocar todos os ingredientes em sua panela de barro.
2. Coloque a panela de barro em fogo baixo e cozinhe por 8 horas.
3. Corte a carne em porções pequenas e sirva com legumes. Decore com mostarda, se desejar.

Bife de vaca com molho de cogumelos

(Pronto em cerca de 8 horas | Serve 12)

Ingredientes

- 2 cebolas médias, descascadas e fatiadas
- 2 quilos de filé de boi, sem osso
- 3 xícaras de cogumelos fatiados
- 1 xícara de nabos fatiados
- 1 (12 onças) pote de molho de carne
- 1 envelope (1 onça) de mistura de molho de cogumelos secos

Endereços

1. Coloque as cebolas no fundo da panela de barro.

2. Apare a gordura do filé de vitela; depois corte a carne em oito pedaços.

3. Coloque a carne em cima das cebolas e, em seguida, coloque os cogumelos por cima. Cubra com nabos fatiados.

4. Misture o molho de carne e a mistura de molho de cogumelos.

5. Adicione esta mistura de molho à panela de barro; tampe e cozinhe por 8 horas. Sirva sobre purê de batatas, se desejar.

Carne de porco suculenta com molho de maçã

(Pronto em cerca de 6 horas | Serve 8)

Ingredientes
- 1/4 xícara de açúcar mascavo claro
- 1/4 xícara de mostarda Dijon
- 1/2 colher de chá de pimenta preta moída
- 4 libras de lombo de porco, sem gordura
- 1/2 xícara de vinho tinto seco
- 4 xícaras de purê de maçã sem açúcar
- 1/2 xícara de cebolinha picada

Endereços
1. Em uma tigela pequena ou copo medidor, misture o açúcar, a mostarda e a pimenta-do-reino. Misture bem para combinar.

2. Esfregue a mistura de mostarda no lombo de porco.

3. Coloque o lombo de porco na panela de barro; adicione vinho tinto, purê de maçã e cebolinha; cubra com uma tampa.

4. Cozinhe em fogo baixo por 6 horas. Sirva com um pouco mais de mostarda.

presunto com abacaxi

(Pronto em cerca de 6 horas | Serve 6)

Ingredientes

- 2 quilos de bife de presunto
- 1 libra de pedaços de abacaxi enlatados, escorridos, reserve 2 colheres de sopa de suco.
- 1 xícara de alho-poró picado
- 2 dentes de alho picados
- 3 batatas grandes cortadas em cubos
- 1/2 xícara de geleia de laranja
- 1/4 colher de chá de páprica
- 1/4 colher de chá de pimenta preta moída
- 1/2 colher de chá de manjericão seco

Endereços

1. Corte o presunto em pedaços pequenos. Transfira para a panela de barro.
2. Adicionar o resto dos ingredientes; mexa para combinar.
3. Tampe e cozinhe em fogo baixo por 6 horas.

Porco assado com cranberries e batata doce

(Pronto em cerca de 6 horas | Serve 6)

Ingredientes

- 3 quilos de carne de porco assada
- 2 xícaras de mirtilos em conserva
- 1 cebola média, descascada e picada
- 1/2 xícara de suco de laranja
- 2 colheres de sopa de vinagre de maçã
- 1/2 colher de chá de cinco especiarias em pó
- sal marinho a gosto
- 1/2 colher de chá de pimenta preta moída
- 3 batatas doces grandes, descascadas e cortadas em quartos

Endereços

1. Coloque a carne de porco em uma panela de barro.

2. Em um copo medidor, misture os cranberries, cebola, suco de laranja, vinagre de maçã, cinco especiarias em pó, sal e pimenta-do-reino; misture para combinar.

3. Despeje a mistura de cranberry sobre o assado de porco na panela de barro. Disponha as batatas à volta do porco.

4. Tampe e cozinhe em fogo baixo por aproximadamente 6 horas.

5. Transfira para uma travessa e aproveite!

Salsichas com chucrute e cerveja

(Pronto em cerca de 3 horas e 30 minutos | Serve 8)

Ingredientes

- 8 salsichas pré-cozidas
- 2 cebolas grandes, fatiadas
- 2 libras de chucrute, enxaguado e escorrido
- 1 garrafa de cerveja (12 onças)

Endereços

1. Adicione as salsichas e as cebolas a uma panela de barro. Cozinhe em fogo alto por 30 minutos.

2. Adicione chucrute e cerveja; tampe e cozinhe por 3 horas.

3. Sirva com mostarda, se desejar.

Bifes de porco em molho de ameixa

(Pronto em cerca de 6 horas | Serve 6)

Ingredientes

- 12 ameixas sem caroço
- 3 libras de lombo de porco, sem osso
- 4 maçãs médias, sem sementes e cortadas em quartos
- 3/4 xícara de suco de maçã
- 3/4 xícara de creme de leite
- 1 colher de chá de sal marinho
- 1/4 colher de chá de pimenta moída na hora
- 1 colher de sopa de manteiga

Endereços

1. Adicione todos os ingredientes à panela de barro. Cubra e cozinhe por 6 horas ou até que a carne se separe facilmente.
2. Sirva sobre purê de batatas.

Assado de porco picante com legumes

(Pronto em cerca de 6 horas | Serve 4)

Ingredientes
- 1 colher de sopa de óleo de canola
- 1 cebola grande, fatiada
- 1 talo de aipo picado
- 1 cenoura grande, descascada e picada finamente
- 1 pimenta jalapeno, sem sementes e picada
- 1 colher de chá de alho em pó
- Sal a gosto
- 1/2 colher de chá de cinco especiarias em pó
- 1/4 colher de chá de pimenta preta moída na hora
- 1/2 colher de chá de orégano seco
- 1/2 colher de chá de manjericão seco
- 1 paleta de porco (3 lbs.) ou bunda assada
- 1 xícara de caldo de legumes

Endereços

1. Adicione o óleo de canola à frigideira de ferro fundido. Aqueça o óleo de canola em fogo médio-alto e adicione os legumes. Refogue os legumes até ficarem macios ou cerca de 15 minutos.

2. Em uma tigela, misture o alho em pó, o sal, o pó de cinco especiarias, a pimenta-do-reino, o orégano e o manjericão; mexa para misturar.

3. Esfregue esta mistura de especiarias na carne. Adicione o assado de porco à panela de barro; despeje o caldo de legumes. Tampe e cozinhe em fogo baixo por 6 horas.

4. Desfie a carne de porco com dois garfos. Despeje o molho sobre a carne de porco e sirva quente.

Costelinha de Porco Country com Molho de Gengibre

(Pronto em cerca de 8 horas | Serve 6)

Ingredientes

- 4 libras de costelinha de porco country
- 1 ¼ xícara de molho de tomate
- 2 colheres de sopa de vinagre de arroz
- 2 colheres de sopa de molho tamari
- 1/4 colher de chá de pimenta da Jamaica
- 1 cebola grande, descascada e picada
- 1 dente de alho, descascado e picado
- 2 colheres de chá de gengibre ralado
- 1/4 colher de chá de flocos de pimenta vermelha esmagados

Endereços

1. Corte as costelas de porco em porções individuais do tamanho de uma porção.

2. Grelhe as costelas por 5 minutos de cada lado ou até ficarem perfumadas e douradas.

3. Para fazer o molho: Em uma panela de barro, misture o molho de tomate, vinagre de arroz, molho de tamari, pimenta da Jamaica, cebola, alho, gengibre e pimenta vermelha.

4.Coloque as costelas de porco na panela de barro, cobrindo as costelas com o molho.

5.Cubra e cozinhe em fogo baixo por 8 horas ou até que as costelas estejam macias.

porco assado na cerveja

(Pronto em cerca de 6 horas | Serve 4)

Ingredientes
- 1 lombo de porco médio
- 2 cebolas doces, descascadas e fatiadas
- 4 batatas grandes, cortadas em quartos
- 2 xícaras de cenoura
- 1 envelope de mistura de sopa de cebola seca
- 1 garrafa de cerveja (12 onças)
- 5-6 grãos de pimenta

Endereços

1. Coloque o lombo de porco em sua panela de barro. Disponha as cebolas, batatas e cenouras ao redor da carne.

2. Polvilhe com a mistura de sopa. Despeje a cerveja; em seguida, adicione os grãos de pimenta.

3. Tampe e cozinhe em fogo baixo por 6 horas. Divida em quatro pratos de servir e sirva quente.

Sopa de Frango Picante

(Pronto em cerca de 8 horas | Serve 8)

Ingredientes

- 1 quarto de caldo de galinha
- 1 quilo de peito de frango, sem osso e sem pele, em cubos
- 3 xícaras de milho inteiro
- 1/2 xícara de cebola bem picada
- 2 dentes de alho picados
- 1 pimentão verde, em fatias finas
- 1 colher de chá de pimenta jalapeno, picada
- 1/2 colher de chá de folhas secas de tomilho
- 1 colher de chá de alecrim seco
- Sal a gosto
- 1/4 colher de chá de pimenta preta moída
- 1 xícara de leite 2% desnatado
- 2 colheres de amido de milho

Endereços

1. Combine todos os ingredientes, exceto leite e amido de milho, em uma panela de barro; tampe e cozinhe por cerca de 8 horas.

2. Aumente o fogo, adicione o leite e o amido de milho combinados e cozinhe por mais 5 minutos, mexendo sempre.

3. Ajuste os temperos e sirva com seus croutons de alho favoritos.

Sopa quente de frango com espinafre

(Pronto em cerca de 5 horas | Serve 4)

Ingredientes

- 1 xícara de caldo de galinha
- 1 ½ xícara de tomate em conserva, cortado em cubos
- 1 ½ xícara de grão-de-bico, lavado e escorrido
- 12 onças de peito de frango desossado, sem pele e em cubos
- 1 cebola doce média, picada
- 2 batatas doces, em cubos
- 2 xícaras de espinafre embalado
- Sal a gosto
- 1/4 colher de chá de pimenta preta
- 1/2 colher de chá de pimenta em pó

Endereços

1. Combine todos os ingredientes, exceto o espinafre, na panela de barro; tampe e cozinhe em fogo alto por cerca de 5 horas,
2. Adicione o espinafre; ajuste os temperos.
3. Divida em tigelas de sopa e sirva.

Sopa de Camarão com Abacate

(Pronto em cerca de 5 horas | Serve 4)

Ingredientes

- 2 xícaras de água
- 1 envelope de mistura de sopa de cebola seca
- 1 cebola roxa picada
- 1 tomate ameixa picado
- 3/4 colher de chá de cinco especiarias em pó
- 1/8 colher de chá de semente de aipo
- 1/2 xícara de arroz de grão longo
- 1 ½ xícaras de camarão, descascado e cortado ao meio transversalmente
- 1 abacate em cubos
- Sumo de 1 lima fresca
- Sal a gosto
- 1/2 colher de chá de páprica
- 1/2 colher de chá de pimenta preta moída

Endereços

1. Em uma panela de barro, misture a água, a mistura de sopa de cebola, cebola, tomate, pó de cinco especiarias e semente de aipo; tampe e cozinhe em fogo alto por 5 horas.

2. Adicione o arroz de grão longo durante as últimas 2 horas de cozimento; adicione o camarão durante os últimos 20 minutos.

3. Adicionar o resto dos ingredientes. Distribua a sopa em tigelas e sirva quente.

Sopa de Camarão com Milho e Batata

(Pronto em cerca de 5 horas | Serve 4)

Ingredientes

- 2 xícaras de milho em grão inteiro
- 1 xícara de água
- 2 xícaras de caldo de galinha
- 1 lata (8 onças) de molho de tomate
- 1 cebola doce grande, picada
- 2 dentes de alho picados
- 3 batatas Yukon médias, cortadas em cubos
- 1 pimentão vermelho doce, fatiado
- 1/4 xícara de xerez seco, opcional
- 3/4 colher de chá de cinco especiarias em pó
- 1/4 colher de chá de mostarda seca
- 1/4 colher de chá de sementes de alcaravia moídas
- Algumas gotas de molho Tabasco
- 1/2 xícara de leite integral
- 1 ½ xícaras de camarão, descascado e eviscerado
- Sal a gosto
- pimenta preta a gosto

Endereços

1. Combine todos os ingredientes, exceto o camarão e o leite, em sua panela de barro.

2. Tampe e cozinhe em fogo alto por cerca de 5 horas, acrescentando o leite e os camarões nos últimos 20 minutos.

3. Sirva em quatro tigelas de sopa e aproveite.

Costelinha de porco picante

(Pronto em cerca de 8 horas | Serve 8)

Ingredientes
- 4 libras de costela de porco magra
- 1 pimentão vermelho cortado em rodelas
- 1 xícara de cebolinha picada
- 1/2 xícara de molho de pimenta e alho
- 2 colheres de açúcar mascavo
- 1/4 xícara de vinagre de arroz
- 1 colher de sopa de vinho tinto seco

Endereços
1. Coloque as costelas de porco em sua panela de barro. Arrume as fatias de pimentão ao redor das costelas de porco.

2. Em uma tigela, misture os ingredientes restantes; bata bem para combinar.

3. Despeje esta mistura sobre as costelas. Cozinhe tampado por 8 horas.

4. Disponha as costelinhas de porco em uma travessa. Despeje o molho em uma tigela pequena; escorra a gordura. Participar.

Costelinha de porco ao molho doce

(Pronto em cerca de 8 horas | Serve 4)

Ingredientes

- 3 quilos de costelinha de porco
- 1 cebola média, em cubos
- 3 dentes de alho, picados
- 1/2 xícara de xarope de bordo
- 2 colheres de sopa de molho tamari
- 3/4 colher de chá de cinco especiarias em pó
- 1/2 colher de chá de gengibre moído
- 1/4 colher de chá de páprica
- 1/2 colher de chá de alecrim seco
- sal marinho a gosto
- 1/4 colher de chá de pimenta preta moída na hora

Endereços

1. Coloque a costelinha de porco e a cebola no fundo da panela de barro.
2. A seguir, adicione os ingredientes restantes.
3. Cubra e cozinhe por 8 horas ou até que a carne de porco esteja macia o suficiente para cair do osso.

Chili de batata-doce quente

(Pronto em cerca de 8 horas | Serve 6)

Ingredientes

- 1 quilo de peito de frango, desossado e sem pele
- 2 xícaras de caldo de galinha
- 1 colher de sopa de vinagre de maçã
- 2 xícaras de feijão enlatado, lavado e escorrido
- 1 xícara de cebolinha picada
- 2 dentes de alho picados
- 1 xícara de cogumelos, fatiados
- 1 cenoura em fatias finas
- 2 batatas doces médias, descascadas e em cubos
- 3/4 colher de chá de pimenta jalapeno
- 1 ½ colher de chá de raiz de gengibre
- 1 colher de chá de cominho moído
- 1/2 colher de chá de coentro moído
- 1/2 colher de chá de pimenta da Jamaica
- Sal a gosto
- Pimenta preta moída, a gosto
- Creme de leite, como guarnição

Endereços

1. Combine todos os ingredientes, exceto o creme de leite, em sua panela de barro.

2. Cubra com uma tampa e cozinhe em fogo baixo por 6 a 8 horas.

3. Sirva com creme azedo e aproveite.

Chili com peru e pimenta assada

(Pronto em cerca de 8 horas | Serve 6)

Ingredientes

- 1 libra de peru moído
- 1 ½ xícaras de tomate enlatado, cozido
- 1 (15 onças) de feijão, lavado e escorrido
- 1 pimenta jalapeno pequena picada
- 1 xícara de cebola roxa picada
- 1/2 xícara de pimentão vermelho assado, picado grosseiramente
- 1/2 colher de sopa de pimenta em pó
- 1/4 colher de chá de canela em pó
- Sal de aipo, a gosto
- pimenta preta a gosto
- páprica defumada a gosto

Endereços

1. Aqueça uma frigideira antiaderente em fogo médio-alto. Doure o peru por cerca de 5 minutos, desfiando com um garfo. Transfira a carne moída dourada para a panela de barro.

2. Adicionar o resto dos ingredientes; cubra com uma tampa e cozinhe por cerca de 8 horas.

3. Sirva com chips de milho, se desejar.

Abóbora Feijão Preto Chili

(Pronto em cerca de 8 horas | Serve 6)

Ingredientes

- 1 libra de carne moída
- 2 xícaras de suco de tomate
- 1 xícara de molho de tomate em pedaços
- 1 xícara de água
- 1 colher de sopa de lima
- 1 ½ xícaras de feijão preto enlatado, lavado e escorrido
- 2 xícaras de cebolinha picada
- 2 dentes de alho picados
- 1/2 xícara de aipo, cortado em cubos
- 2 xícaras de abobrinha
- 1 xícara de abobrinha
- 1 xícara de cogumelos
- 1 pimenta jalapeno pequena, bem picada
- 1 ½ colheres de chá de pimenta em pó
- 1 sal marinho
- 1/4 colher de chá de pimenta preta moída
- 6 rodelas de lima

Endereços

1. Primeiro, doure a carne moída em uma frigideira antiaderente por cerca de 8 minutos, desfazendo com um garfo. Transfira para a panela de barro.

2. Adicione o restante dos ingredientes, exceto as rodelas de limão; Coloque a panela de barro em fogo baixo e cozinhe por 6 a 8 horas.

3. Sirva decorado com rodelas de lima.

Cannellini de feijão de peru e pimentão

(Pronto em cerca de 8 horas | Serve 6)

Ingredientes

- 1 libra de carne moída magra
- 2 xícaras de molho de tomate
- 2 xícaras de feijão cannellini
- 1 xícara de cebolinha picada
- 1 dente de alho picado
- 1 colher de sopa de pimenta em pó
- 2 colheres de chá de açúcar mascavo
- 1 colher de chá de sementes de aipo
- 1 colher de chá de cominho moído
- Sal a gosto
- Pimenta preta moída, a gosto

Endereços

1. Cozinhe a carne moída em uma frigideira de ferro fundido em fogo médio por 8 a 10 minutos ou até dourar.

2. Adicione os restantes ingredientes e cozinhe em lume brando durante 6 a 8 horas.

3. Divida o chili preparado em seis tigelas de sopa e sirva quente com sua salada favorita.

Chili fácil de carne e porco

(Pronto em cerca de 8 horas | Serve 6)

Ingredientes

- 1 colher de sopa de azeite
- 1 libra de carne moída magra
- 1/2 libra de carne de porco moída
- 2 xícaras de feijão carioca, lavado e escorrido
- 2 xícaras de tomate refogado
- 2 xícaras de milho em grão inteiro
- 1 xícara de alho-poró picado
- 1/2 xícara de pimentão vermelho picado
- 2 colheres de sopa de tempero para taco
- Sal a gosto
- pimenta preta a gosto
- páprica a gosto
- Creme azedo com baixo teor de gordura, como guarnição
- Biscoitos, como enfeite

Endereços

1. Aqueça o azeite em uma panela larga. Em seguida, cozinhe a carne moída e a carne de porco por cerca de 10 minutos. Esfarele com um garfo.

2. Adicione os ingredientes restantes, exceto creme de leite e biscoitos; tampe e cozinhe por cerca de 8 horas.

3. Divida entre as tigelas, sirva com creme azedo e biscoitos.

pimentão italiano

(Pronto em cerca de 8 horas | Serve 8)

Ingredientes

- 12 onças de peru moído magro
- 3 xícaras de água
- 1 lata de tomate (28 onças), esmagada
- 1 pimentão vermelho cortado em rodelas
- 1 pimentão amarelo, fatiado
- 1/2 xícara de cebola picada
- 3 dentes de alho, picados
- 1 colher de chá de cominho moído
- 2 colheres de sopa de pimenta em pó
- 1 salsa seca
- 2 colheres de chá de folhas secas de orégano
- 1 colher de chá de pimenta da Jamaica
- Sal a gosto
- 1/4 colher de chá de pimenta preta
- 1 libra de espaguete, cozido
- Queijo cheddar com baixo teor de gordura, ralado

Endereços

1. Em uma frigideira antiaderente grande, doure o peru moído em fogo médio, cerca de 5 minutos.

2. Combine o peru com os demais ingredientes, exceto o espaguete e o queijo Cheddar, na panela de barro; cozinhe em fogo baixo por 8 horas.

3. Sirva com espaguete e queijo cheddar.

Pimenta favorita da família

(Pronto em cerca de 8 horas | Serve 8)

Ingredientes

- 1 libra de carne moída
- 1 xícara de cebola picada
- 1 pimentão verde picado
- 1 pimentão vermelho picado
- 1 malagueta poblano picada
- 2 dentes de alho picados
- 2 colheres de chá de cominho moído
- 1 colher de chá de folhas secas de orégano
- 1 colher de chá de folhas secas de manjericão
- 1/2 colher de chá de gengibre ralado
- 1 colher de sopa de coentro
- 2 xícaras de tomates, sem escorrimento e cortados em cubos
- 1 xícara de água
- 1 (15 onças) de feijão carioca, lavado e escorrido
- 1/4 xícara de molho de tomate
- 3/4 xícara de cerveja
- 1 colher de sopa de cacau sem açúcar

- Sal a gosto
- pimenta preta a gosto
- páprica, a gosto
- Creme de leite, como guarnição

Endereços

1. Primeiro, cozinhe a carne moída em uma panela levemente untada com óleo em fogo médio. Cozinhe até que a carne esteja dourada e cozida ou cerca de 10 minutos.

2. Adicione a carne à panela de barro. Em seguida, adicione os demais ingredientes, exceto o creme de leite, à panela de barro; cubra com uma tampa e cozinhe por cerca de 8 horas.

3. Decore cada tigela de pimenta com creme azedo.

Chili de lombo fácil

(Pronto em cerca de 6 horas | Serve 4)

Ingredientes

- 1 libra de lombo de porco, em cubos
- 1 lata (15 onças) de caldo de legumes com baixo teor de sódio e sem gordura
- 1 (15 onças) de feijão enlatado, enxaguado
- 1 libra de tomates de ameixa, fatiados
- 1 pimenta jalapeno grande picada
- 1 colher de sopa de pimenta em pó
- 1 colher de chá de sementes de cominho torradas
- Sal a gosto
- pimenta preta a gosto
- pimenta caiena a gosto
- Salgadinhos de milho, como guarnição

Endereços

1. Combine todos os ingredientes, exceto os chips de milho, em uma panela de barro.
2. Cozinhe tampado em fogo alto por cerca de 6 horas.
3. Sirva com salgadinhos de milho e bom apetite!

Deliciosa sopa de tomate e feijão

(Pronto em cerca de 7 horas | Serve 6)

Ingredientes

- 1 quarto de caldo de galinha
- 2 (15 onças) latas de feijão branco, enxaguadas e escorridas
- 1 xícara de bacon cozido, picado
- 1 libra de cordeiro, em cubos
- 1 xícara de cebolinha
- 1 fatia de aipo, picado
- 1 cenoura grande, picada
- 1 dente de alho picado
- 1 colher de chá de mistura de temperos italianos
- 3 tomates Roma picados
- Sal a gosto
- pimenta preta a gosto
- Pimenta caiena, a gosto
- Biscoitos, como enfeite

Endereços

1. Misture todos os ingredientes, exceto os biscoitos, em uma panela de barro.

2. Em seguida, tampe e cozinhe em fogo baixo por cerca de 7 horas.

3. Sirva com biscoitos e divirta-se!

Cordeiro Chile com Presunto

(Pronto em cerca de 8 horas | Serve 6)

Ingredientes

- 1 litro de caldo de legumes
- 2 (15 onças) latas de feijão carioca, enxaguadas e escorridas
- 1 xícara de presunto parcialmente cozido, em cubos
- 1 libra de cordeiro, em cubos
- 1 cebola roxa grande, bem picada
- 2 dentes de alho picados
- 1 cenoura grande, picada
- 1 fatia de aipo, picado
- 1 colher de chá de mistura de temperos italianos
- 1 xícara de molho de tomate
- Sal a gosto
- pimenta preta a gosto
- Pimenta caiena, a gosto
- Creme de leite, como guarnição

Endereços

4. Coloque todos os ingredientes, exceto o creme de leite, em uma panela de barro.

5. Coloque a panela de barro em fogo baixo; cozinhe seu pimentão por 7 a 8 horas.

6. Decore com creme azedo e sirva.

Sopa Cremosa De Legumes

(Pronto em cerca de 4 horas | Serve 4)

Ingredientes

- 2 xícaras de caldo de legumes
- 2-3 cebolinhas picadas
- 3/4 xícara de cogumelos, cortados em fatias finas
- 1 xícara de corações de alcachofra congelados, descongelados e finamente picados
- 1 xícara de creme claro
- 2 colheres de amido de milho
- Sal a gosto
- pimenta preta a gosto
- Flocos de pimenta vermelha, como guarnição

Endereços

1. Combine os quatro primeiros ingredientes em sua panela de barro; tampe e cozinhe em fogo alto por 4 horas.

2. Junte o creme de leite e o amido de milho. Adicione esta mistura à panela de barro, mexendo por 2 a 3 minutos.

3. Tempere com sal e pimenta preta. Polvilhe cada tigela de sopa com flocos de pimenta vermelha.

Sopa de Couve de Bruxelas de Outono

(Pronto em cerca de 4 horas | Serve 4)

Ingredientes

- 1 libra de couve de Bruxelas, cortada ao meio
- 1/2 xícara de cebola doce picada
- 1 dente de alho picado
- 1 colher de chá de cebola em pó
- 1 colher de chá de sementes de aipo
- 1/2 colher de chá de folhas secas de alecrim
- 1 xícara de caldo de legumes
- 1 xícara de leite 2% desnatado
- Sal a gosto
- pimenta preta a gosto
- Noz-moscada moída, como guarnição

Endereços

1. Adicione a couve de Bruxelas, cebola doce, alho, cebola em pó, semente de aipo, alecrim e caldo de legumes à panela de barro; tampe e cozinhe em fogo alto por 3 a 4 horas.

2. Despeje a sopa em um processador de alimentos ou liquidificador. Adicione 2% de leite desnatado. Misture até ficar homogêneo.

3. Tempere com sal e pimenta preta. Divida entre quatro tigelas de sopa e polvilhe levemente com noz-moscada; participar.

Creme Vegetariano de Sopa de Milho

(Pronto em cerca de 4 horas e 30 minutos | Serve 4 pessoas)

Ingredientes
- 3 ½ xícaras de caldo de legumes
- 1/2 xícara de cebolinha picada
- 1 cenoura grande, picada
- 2 batatas médias descascadas e cortadas em cubos
- 1 dente de alho picado
- 1 lata (151/2 onças) de milho inteiro, escorrido
- 1 xícara de leite desnatado
- 2 colheres de amido de milho
- Sal de aipo, a gosto
- Pimenta branca a gosto
- Páprica, como guarnição
- Creme de leite, como guarnição

Endereços

1. Combine caldo de legumes, cebolinha, cenoura, batata e alho.

2. Cubra e cozinhe em fogo alto por 4 horas. Bata a sopa no processador de alimentos até ficar cremosa e lisa; Volte para a panela de barro.

3. Adicione os grãos de milho e continue cozinhando em fogo alto por mais 30 minutos. Em seguida, adicione o leite desnatado e o amido de milho combinados, mexendo sempre por 3 minutos. Polvilhe com sal de aipo e pimenta branca e mexa novamente. Decore com páprica e creme azedo.

Sopa rica de batata e pistú

(Pronto em cerca de 4 horas e 20 minutos | Serve 6)

Ingredientes
- 2 litros de água
- 1 envelope de mistura de sopa de cebola
- 2 xícaras de cebola picada
- 5 dentes de alho, cortados ao meio
- 4 batatas douradas Yukon, descascadas e cortadas em cubos
- 5 tomates sem sementes, sem sementes e picados
- 2 abobrinhas médias fatiadas
- 3/4 colher de chá de sementes de aipo
- 1 colher de chá de folhas secas de manjericão
- 1/4 xícara de queijo parmesão ralado
- Sal a gosto
- pimenta preta a gosto
- Flocos de pimenta vermelha, para decorar

Endereços

1. Em uma panela de barro, misture a água, a mistura de sopa de cebola, cebola, alho, batata, tomate, abobrinha, sementes de aipo e folhas de manjericão.

2. Em seguida, coloque a panela de barro em fogo alto e cozinhe por 3 a 4 horas.

3. Em seguida, adicione a sopa a um processador de alimentos. Adicione o restante dos ingredientes, exceto os flocos de pimenta vermelha; misture até atingir a consistência desejada.

4. Retorne a sopa cremosa para a panela de barro; tampe e cozinhe em fogo alto por mais 15 a 20 minutos; polvilhe com flocos de pimenta vermelha e sirva quente.

Sopa Refrescante de Pimentão Vermelho Assado

(Pronto em cerca de 3 horas | Serve 4)

Ingredientes
- 1 ½ xícaras de caldo de legumes
- 3/4 xícara de pimentão vermelho assado
- 1 colher de vinagre balsâmico
- 1 xícara de água
- 1/2 xícara de cebola picada
- 1 pepino picado
- 1 xícara de batata, em cubos
- 1 colher de chá de pimenta da Jamaica moída
- Sal a gosto
- Pimenta branca a gosto
- páprica, a gosto
- 1 ½ xícaras de iogurte natural
- 2 colheres de amido de milho

Endereços

1. Em uma panela de barro, misture todos os ingredientes, exceto o iogurte e o amido de milho; tampe e cozinhe em fogo alto por cerca de 3 horas.

2. Adicione o iogurte e o amido de milho combinados, mexendo sempre, por 2 a 3 minutos.

3. Bata a mistura no processador de alimentos até ficar homogêneo, cremoso e macio; leve à geladeira e sirva frio.

Ensopado de Carne à Moda Antiga

(Pronto em cerca de 8 horas | Serve 4)

Ingredientes

- 1 xícara de caldo de carne sem gordura e com baixo teor de sódio
- 1 quilo de filé de boi cortado em tiras
- 1/2 xícara de vinho tinto seco
- 2 xícaras de feijão verde
- 1 cebola finamente picada
- 2 batatas médias
- 1 talo de aipo picado
- 3 cenouras, em fatias grossas
- 1 colher de chá de folhas secas de manjerona
- 1 colher de chá de folhas secas de tomilho
- 1 colher de chá de sálvia seca
- Sal e pimenta preta a gosto
- Pimenta caiena, a gosto

Endereços

1. Em uma panela de barro, misture todos os ingredientes.

2. Cubra com uma tampa e cozinhe em fogo baixo por 8 horas.

3. Sirva quente sobre o macarrão cozido.

Sopa Picante De Pepino

(Pronto em cerca de 3 horas | Serve 4)

Ingredientes

- 1 ½ xícaras de caldo de galinha
- 2 colheres de sopa de vinagre de maçã
- 1 xícara de água
- 1/2 xícara de cebolinha, finamente picada
- 1 pepino picado
- 1 colher de chá de endro fresco
- 1 xícara de batata, cortada em cubos
- 1 colher de chá de canela em pó
- Sal a gosto
- pimenta preta a gosto
- Flocos de pimenta vermelha, a gosto
- 1 ½ xícaras de iogurte natural
- 2 colheres de amido de milho

Endereços

1. Em sua panela de barro, coloque todos os ingredientes, exceto o iogurte e o amido de milho.

2. Cubra com uma tampa e cozinhe em fogo alto cerca de 3 horas.

3. Em um copo medidor, bata o iogurte com o amido de milho; adicione à panela de barro e cozinhe, mexendo sempre, 2 a 3 minutos.

4. Despeje esta mistura em um processador de alimentos ou liquidificador. Processe até ficar homogêneo e cremoso; sirva frio.

Ensopado de carne delicioso e fácil

(Pronto em cerca de 5 horas | Serve 6)

Ingredientes

- 2 libras de carne bovina, em cubos
- 1 xícara de caldo de carne
- 1 pimenta vermelha doce
- 1 xícara de cebolinha picada
- 3 dentes de alho, picados
- 1 pastinaca, em cubos
- 1 aipo picado
- 1/2 xícara de vinho tinto seco ou caldo de carne
- 2 batatas roxas médias
- 2 colheres de molho de tomate
- 1 colher de sopa de vinagre de maçã
- 1/2 colher de chá de folhas secas de alecrim
- 2 folhas grandes de louro
- Sal a gosto
- pimenta preta a gosto
- páprica, a gosto
- 2 colheres de amido de milho

• 1/4 xícara de água fria

Endereços

1. Coloque todos os ingredientes, exceto o amido de milho e a água fria, na panela de barro; tampe e cozinhe em fogo alto por 4 a 5 horas.

2. Adicione o amido de milho combinado e a água fria, mexendo por 2 a 3 minutos. Descarte a folha de louro e sirva sobre o arroz, se desejar.

ensopado de frango saudável

(Pronto em cerca de 6 horas | Serve 4)

Ingredientes

- 1 lata (10 ¾ onças) de creme de frango condensado com sódio reduzido
- 1 ¼ xícaras de leite com 2% de gordura reduzida
- 1 xícara de água
- 1 pimentão vermelho picado
- 1 pimentão verde picado
- 1 malagueta poblano picada
- 1 libra de peito de frango, desossado, sem pele e em cubos
- 1 xícara de cebola fatiada
- 1/2 xícara de nabo, em cubos
- 1/2 xícara de cenoura, em fatias finas
- 1/2 colher de chá de orégano seco
- 1/2 colher de chá de alecrim seco
- 1/2 colher de chá de sal de aipo
- 1/4 colher de chá de flocos de pimenta vermelha esmagados
- 1/4 colher de chá de pimenta preta moída
- 2 colheres de amido de milho

- 1/4 xícara de água fria

Endereços

1. Misture o creme de canja de galinha, o leite e a água em uma panela de barro.

2. Adicione o restante dos ingredientes, exceto o amido de milho e a água; tampe e cozinhe por 5 a 6 horas.

3. Em seguida, adicione a combinação de amido de milho e água fria, mexendo sempre por 2-3 minutos. Sirva sobre batatas cozidas, se desejar.

Ensopado de Salsicha e Peru

(Pronto em cerca de 5 horas | Serve 4)

Ingredientes
- 2 xícaras de peru defumado
- 2 xícaras de linguiça fatiada
- 1 (28 onças) lata de tomate, em cubos
- 2 dentes de alho assados, não escorridos
- 2 colheres de sopa de vermute seco
- 1 xícara de cebola picada
- 1 xícara de milho em grão inteiro
- 1 pimentão picado
- 1/2 colher de chá de folhas secas de manjericão
- 1/2 colher de chá de folhas secas de tomilho
- Sal a gosto
- pimenta preta a gosto
- algumas gotas de molho tabasco

Endereços
1. Combine todos os ingredientes, exceto o molho Tabasco, em uma panela de barro.
2. Cubra e cozinhe em fogo alto por 5 horas.
3. Regue com o molho Tabasco; participar.

Ensopado de Peru e Feijão

(Pronto em cerca de 8 horas | Serve 4)

Ingredientes

- 1 quilo de peito de peru cortado em pedaços pequenos
- 2 xícaras de feijão, lavado e escorrido
- 1 lata (14 ½ onças) de caldo de galinha
- 1 xícara de suco de tomate
- 2 xícaras de abóbora descascada e cortada em cubos
- 1 xícara de cebola picada
- 1 xícara de batata doce, em cubos
- 1 pimenta jalapeno picada
- 1 colher de chá de sementes de aipo torradas
- Sal a gosto
- pimenta preta a gosto
- 1/2 colher de chá de manjericão seco
- 1/2 colher de chá de orégano seco
- Cebolinha fresca, como guarnição
- 1/4 xícara de pinhões picados grosseiramente

Endereços

1. Coloque todos os ingredientes, exceto a cebolinha fresca e os pinhões, em uma panela de barro.

2. Cubra com uma tampa e cozinhe por cerca de 8 horas.

3. Polvilhe cada prato com cebolinha e pinhões picados.

Caldeirada de Bacalhau e Camarão

(Pronto em cerca de 4 horas | Serve 8)

Ingredientes

- 1 chávena de sumo de amêijoa
- 1 (28 onças) lata de tomates cozidos
- 1/2 xícara de vinho branco seco
- 1/2 xícara de cebola bem picada
- 3 dentes de alho, picados
- 1/2 colher de chá de tomilho seco
- 1 colher de chá de manjericão seco
- 1 colher de chá de folhas secas de orégano
- 2 folhas de louro
- Sal a gosto
- pimenta preta a gosto
- 1 libra de filé de bacalhau, fatiado
- 1 ½ xícaras de camarão, descascado e eviscerado

Endereços

1. Coloque todos os ingredientes, exceto os filés de bacalhau e os camarões, em uma panela de barro; cubra com uma tampa.

2. Leve a panela de barro ao fogo alto e cozinhe por 3 a 4 horas, acrescentando os filés de bacalhau e os camarões nos últimos 15 minutos de cozimento. Descarte as folhas de louro; sirva com pão de milho.

Ensopado de peixe com especiarias de verão

(Pronto em cerca de 5 horas e 15 minutos | Serve 8)

Ingredientes

- 1 chávena de sumo de amêijoa
- 1 cálice de vinho branco seco
- 2 (14 ½ onças) latas de tomate, sem escorrimento e em cubos
- 1 xícara de alho-poró picado
- 1 dente de alho picado
- 1/2 xícara de erva-doce, cortada em fatias finas
- 1/2 cabeça de brócolis picada
- 1/2 aipo picado
- 1 folha de louro
- 1/2 colher de chá de tomilho seco
- 3/4 colher de chá de endro
- 1 colher de chá de raspas de limão
- 1/4 xícara de salsa picada
- 2 colheres de coentro
- Sal a gosto
- pimenta preta a gosto
- Pimenta caiena, a gosto

- 1 libra de filé de peixe em cubos
- 8 onças de camarão, descascado e desvinculado
- 12 mexilhões lavados

Endereços

1. Coloque todos os ingredientes, exceto o marisco, em uma panela de barro; tampe e cozinhe em fogo alto por 5 horas.

2. Adicione os filés de peixe, camarão e mexilhões à panela de barro e continue cozinhando por mais 15 minutos.

3. Descarte a folha de louro e sirva quente com arroz cozido.

Ensopado vegetariano para todas as estações

(Pronto em cerca de 4 horas | Serve 4)

Ingredientes

- 1 ½ xícaras de caldo de legumes
- 1 xícara de feijão verde
- 1 xícara de batatas novas
- 1/2 xícara de cenoura picada
- 1/2 nabos picados
- 2 tomates médios picados
- 4 cebolas verdes, fatiadas
- 1/2 colher de chá de folhas secas de manjerona
- 4 fatias de bacon vegetariano frito crocante, desintegrado
- 1 xícara de couve de Bruxelas
- 10 aspargos cortados em pedaços pequenos
- 2 colheres de amido de milho
- 1/4 xícara de água fria
- 1/4 colher de chá de pimenta preta moída
- Sal a gosto
- 1/4 colher de chá de páprica
- 3 xícaras de arroz integral cozido, morno

Endereços

1. Em uma panela de barro, coloque o caldo de legumes, o feijão verde, a batata, a cenoura, o nabo, o tomate, a cebola e as folhas de manjerona.

2. Tampe e cozinhe em fogo alto por cerca de 4 horas.

3. Adicione os restantes ingredientes, exceto o arroz cozido, durante os últimos 30 minutos de cozedura.

4. Sirva com arroz integral e aproveite!

Ensopado vegano de trigo, frutas silvestres e lentilha

(Pronto em cerca de 8 horas | Serve 8)

Ingredientes

- 3 xícaras de caldo de legumes
- 1/2 xícara de lentilhas secas
- 1 xícara de bagas de trigo
- 1 ½ quilo de batatas, em cubos
- 1 xícara de alho-poró picado
- 1 cenoura picada
- 1 talo de aipo picado
- 3 dentes de alho, picados
- Sal de aipo, a gosto
- pimenta preta a gosto

Endereços

1. Coloque todos os ingredientes em sua panela de barro; cubra a panela de barro com uma tampa; cozinhe cerca de 8 horas.
2. Sirva com seu pão de milho preferido e aproveite!

pimentão vermelho família

(Pronto em cerca de 8 horas | Serve 4)

Ingredientes

- 8 onças de lombo de carne moída
- 1 (28 onças) pode tomates esmagados
- 1 (15 onças) de feijão, lavado e escorrido
- 1 pimentão vermelho picado
- 1 pimentão amarelo picado
- 1/2 xícara de cebola roxa picada
- 1 xícara de cebola roxa grande
- 2 colheres de sopa de vinagre de vinho tinto
- 1 colher de chá de pimenta em pó
- 1/4 colher de chá de canela em pó
- 2/3 xícara de molho picante suave
- Sal a gosto
- pimenta preta a gosto

Endereços

1.Em uma frigideira grande levemente untada com óleo, doure a carne moída em fogo médio. Cozinhe cerca de 5 minutos, desfazendo com um garfo.

2.Transfira a carne cozida para uma panela de barro e acrescente os demais ingredientes; tampe e cozinhe por 6 a 8 horas. Sirva quente com chips de fubá, se desejar.

Peru Chili com Couve

(Pronto em cerca de 8 horas | Serve 8)

Ingredientes

- 1 colher de sopa de azeite
- 1 ½ libras de peru moído magro
- 2 (15 onças) latas de feijão cannellini, enxaguadas e escorridas
- 1 xícara de extrato de tomate
- 1/2 xícara de cebola roxa picada
- 1 folha de louro
- 1/2 colher de chá de alecrim seco
- 1 colher de chá de cominho moído
- 1/2 colher de chá de sementes de cominho
- 1 ½ xícara de couve, picada grosseiramente
- 1/4 colher de chá de pimenta preta
- 1/4 colher de chá de pimenta caiena
- Sal de aipo, a gosto

Endereços

1. Unte levemente uma frigideira grande com azeite. Cozinhe o peru moído até dourar ou cerca de 10 minutos.

2. Coloque a carne cozida e os demais ingredientes, exceto a couve, em uma panela de barro; tampe e cozinhe por cerca de 8 horas.

3. Adicione a couve durante os últimos 20 minutos de cozimento.

4. Prove, ajuste os temperos e sirva quente.

Salsicha picante de frango com pimenta

(Pronto em cerca de 6 horas | Serve 4)

Ingredientes

- 4 onças de linguiça de frango, fatiada
- 2 tomates Roma picados
- 2 colheres de sopa de catchup de tomate
- 2 xícaras de feijão enlatado
- 1 cebola roxa grande, bem picada
- 1 pimentão verde picado
- 1 pimentão vermelho picado
- 1 colher de chá de cominho moído
- 1 colher de coentro picado
- 1 colher de sopa de pimenta em pó
- Sal a gosto
- Creme de leite, como guarnição

Endereços

1. Em uma frigideira antiaderente, cozinhe a linguiça até dourar ou cerca de 6 minutos. Substitua a panela de barro.

2. Adicione os ingredientes restantes, exceto o creme de leite; tampe e cozinhe por cerca de 6 horas.

3. Sirva com uma colher de creme azedo.

Pimentão Pepperoni Picante

(Pronto em cerca de 8 horas | Serve 8)

Ingredientes

- 12 onças de salsicha de peru
- 4 onças de pepperoni, fatiado
- 1 lata (14 1/2 onças) de tomate em cubos, não escorrido
- 1 ½ xícaras de caldo de carne
- 1 ½ xícara de molho de tomate
- 1 colher de chá de raspas de limão
- 1 xícara de grão de bico
- 1/2 xícara de pimenta verde enlatada, picada
- 1 cebola roxa grande, picada
- 1 ½ colher de chá de tempero italiano seco
- 2 colheres de sopa de pimenta em pó
- 1 colher de sopa de molho Worcestershire
- Sal a gosto
- páprica, a gosto
- Molho de pimenta, opcional

Endereços

1. Cozinhe a linguiça e o pepperoni em uma panela levemente untada com óleo em fogo médio. Cozinhe por 10 a 12 minutos; transfira para uma panela de barro.

2. Adicionar o resto dos ingredientes; tampe e cozinhe por cerca de 8 horas.

3. Divida em tigelas e sirva com pão de milho.

Esparguete com Feijão e Espargos

(Pronto em cerca de 3 horas | Serve 4)

Ingredientes

- 1 xícara de caldo de legumes
- 1/2 xícara de feijão verde
- 1 (15 onças) de feijão Great Northern, lavado e escorrido
- 2 tomates médios picados
- 2 cenouras médias, picadas
- 3/4 colher de chá de folhas secas de alecrim
- 1 libra de aspargos, cortados em pedaços pequenos
- 1/2 colher de chá de sal de aipo
- 1 colher de chá de cebola em pó
- 1 colher de chá de alho em pó
- 8 onças de espaguete, cozido
- 1/4 xícara de queijo parmesão, ralado

Endereços

1. Em uma panela de barro, coloque o caldo de legumes, feijão verde, feijão grande do Norte, tomate, cenoura e alecrim.

2. Cozinhe tapado durante 3 horas, acrescentando os pedaços de espargos durante os últimos 30 minutos de cozedura.

3. Tempere com sal de aipo, cebola em pó e alho em pó; misture com espaguete e queijo parmesão. Desfrutar!

Feijão verde picante fácil

(Pronto em cerca de 4 horas | Serve 4)

Ingredientes

- 1 quilo de feijão verde
- 1 lata (28 onças) de tomates pequenos em cubos
- 1 cebola roxa grande, picada
- 4 dentes de alho, picados
- 1 colher de chá de sementes de aipo
- 1 colher de chá de manjericão seco
- 1 colher de chá de orégano seco
- 1 colher de chá de sal marinho
- 1/4 colher de chá de pimenta preta moída na hora
- 1/4 colher de chá de flocos de pimenta vermelha esmagados

Endereços

1. Combine todos os ingredientes em uma panela de barro.

2. Cozinhe tampado em fogo alto por cerca de 4 horas ou até que o feijão verde esteja macio.

3. Prove, ajuste os temperos e divida entre as tigelas. Aproveite este jantar fácil e saudável com batatas cozidas e sua salada sazonal favorita!

Feijão Verde Cremoso Favorito

(Pronto em cerca de 6 horas | Serve 4)

Ingredientes
- 1/2 xícara de creme de leite
- 1/4 xícara de leite desnatado 2%
- 1 ½ xícaras de creme enlatado sem gordura de sopa de cogumelos
- 1 pacote (10 onças) de feijão verde, descongelado
- 2 dentes de alho picados
- 1 cenoura picada
- 1 talo de aipo picado
- Sal a gosto
- Pimenta caiena, a gosto
- castanha de caju picada, para decorar

Endereços
1. Misture todos os ingredientes, menos as castanhas de caju, na panela de barro.
2. Cubra e cozinhe por cerca de 6 horas.
3. Polvilhe cajus picados por cima; sirva sobre macarrão ou arroz integral cozido.

Rolinhos de bife com cogumelos

(Pronto em cerca de 6 horas | Serve 4)

Ingredientes

- 500 g de filé mignon cortado em 4 porções
- 4 fatias de presunto defumado
- 1 xícara de cogumelos portobello picados
- 1/4 xícara de picles, finamente picado
- 1 cebola doce grande, picada
- 1 colher de chá de mostarda Dijon
- 1/2 colher de chá de estragão seco
- 1 colher de chá de manjericão seco
- 1/2 colher de chá de orégano seco
- 1/2 xícara de caldo de carne
- Sal de aipo, a gosto
- Pimenta preta em grão, a gosto
- Maionese, como guarnição

Endereços

1. Cubra cada porção de bife com uma fatia de presunto.

2. Em uma tigela, misture os cogumelos, picles, cebola, mostarda, estragão, manjericão e orégano. Espalhe esta mistura sobre o presunto.

3. Em seguida, enrole os bifes e prenda com palitos; coloque em uma panela de barro.

4. Despeje o caldo, polvilhe com sal de aipo e pimenta; cozinhe por 5 a 6 horas. Decore com maionese e sirva.

Rouladen Quente Favorito

(Pronto em cerca de 6 horas | Serve 4)

Ingredientes

- 500 g de filé mignon cortado em 4 porções
- 4 fatias de queijo provolone com baixo teor de gordura
- 1 pimentão vermelho doce, cortado em tiras finas
- 1 pimentão doce verde, cortado em tiras finas
- 1/4 xícara de seco ao sol, finamente picado
- 1 pimenta jalapeno picada
- 1/2 xícara de cebolinha verde picada
- 1 colher de chá de mostarda
- 1 colher de chá de manjericão seco
- 1/2 colher de chá de sementes de aipo
- sal marinho, a gosto
- Pimenta preta moída, a gosto
- 1/2 xícara de caldo de carne

Endereços

1. Cubra cada porção de bife com a fatia de queijo. Em seguida, coloque os pimentões em cada fatia de bife.

2. Em uma tigela, misture o restante dos ingredientes, exceto o caldo de carne. Espalhe esta mistura sobre as fatias de queijo.

3. Em seguida, enrole os bifes; prenda com palitos de dente; coloque-o no fundo de sua panela de barro.

4. Despeje o caldo de carne; cozinhe tampado em fogo baixo por cerca de 6 horas. Servir quente.

costelas suculentas

(Pronto em cerca de 8 horas | Serve 4)

Ingredientes

- 1/2 xícara de vinho tinto seco
- 1/2 xícara de caldo de carne
- 1 colher de chá de mostarda
- 4 cenouras grandes cortadas em rodelas
- 1 cebola roxa grande, cortada em rodelas
- 1 colher de sopa rasa de coentro
- 1/2 colher de chá de estragão seco
- 2 quilos de costela bovina

Endereços

1. Coloque todos os ingredientes em uma panela de barro, colocando as costelas de boi por cima.
2. Cubra e cozinhe por cerca de 8 horas.
3. Sirva quente com um pouco de mostarda extra.

Bolo de carne italiano fácil

(Pronto em cerca de 7 horas | Serve 4)

Ingredientes
- 1 ½ quilo de carne moída magra
- 1 xícara de aveia de cozimento rápido
- 1 colher de chá de raspas de limão
- 1/2 xícara de leite
- 1 ovo médio
- 1/4 xícara de molho de tomate
- 1/2 xícara de cebolinha picada
- 1 pimentão verde picado
- 1 colher de chá de alho granulado
- 1 colher de chá de tempero italiano
- 1 colher de chá de sal marinho
- 1/2 colher de chá de pimenta preta moída

Endereços

1. Misture todos os ingredientes até que tudo esteja bem incorporado; coloque o bolo de carne em um forro de fogão lento em uma panela de barro.

2. Cubra e cozinhe em fogo baixo por 6 a 7 horas.

3. Sirva sobre o purê de batatas e aproveite!

Bolo De Queijo Todos os Dias

(Pronto em cerca de 6 horas | Serve 4)

Ingredientes
- 1/2 libra de carne de porco moída magra
- 1/2 libra de carne moída magra
- 1/2 xícara de queijo creme com baixo teor de gordura
- 1 xícara de aveia de cozimento rápido
- 2 colheres de sopa de molho Worcestershire
- 1 ovo médio
- 1/4 xícara de molho de tomate
- 1/2 xícara de cebola picada
- 1 pimentão verde picado
- 1/2 colher de chá de gengibre moído
- 1 dente de alho picado
- 1 colher de chá de sal marinho
- 1/2 colher de chá de pimenta preta moída
- 1/2 xícara de queijo cheddar com baixo teor de gordura ralado

Endereços

1. Em uma tigela grande, misture todos os ingredientes, exceto o queijo Cheddar. Forme um bolo de carne.

2. Coloque o bolo de carne em um fogão lento em uma panela de barro.

3. Cozinhe em fogo baixo cerca de 6 horas.

4. Polvilhe o queijo cheddar ralado por cima e deixe descansar até o queijo derreter. Participar.

Bolo de Carne com Curry de Amendoim

(Pronto em cerca de 6 horas | Serve 4)

Ingredientes
- 1 xícara de aveia de cozimento rápido
- 1 colher de chá de gengibre ralado
- 1/2 xícara de leite
- 1 ovo
- 1/4 xícara de chutney, picado
- 1/2 xícara de cebola picada
- 1 pimentão vermelho doce, picado
- 1 colher de chá de alho granulado
- 1 colher de chá de manjericão seco
- 1/3 xícara de amendoim picado
- 1 colher de chá de caril em pó
- 1 colher de chá de sal marinho
- 1/2 colher de chá de pimenta preta moída
- 1 ½ libras de carne moída e carne de porco, misturadas

Endereços

1. Cubra uma panela de barro com uma tira larga de papel alumínio.

2. Em uma tigela grande, misture a aveia, o gengibre, o leite, o ovo, o molho picante, a cebola, o pimentão, o alho, o manjericão, o amendoim, o curry em pó, o sal marinho e a pimenta-do-reino. Misture bem para combinar.

3. Adicione a carne moída e misture novamente. Modele a mistura em um pão redondo.

4. Coloque na panela de barro; Coloque a panela de barro em fogo baixo e cozinhe por 6 horas. Sirva morno ou em temperatura ambiente.

Purê de Feijão Temperado da Mamãe

(Pronto em cerca de 8 horas | Serve 10)

Ingredientes

- 9 xícaras de água
- 3 xícaras de feijão carioca enlatado, lavado
- 1 cebola amarela, cortada em rodelas
- 1/2 chile poblano, sem sementes e picado
- 2 dentes de alho picados
- 1 colher de sopa de tempero cajun
- 1 colher de chá de sal marinho fino
- 1 colher de chá de pimenta preta moída
- 1 colher de chá de pimenta caiena

Endereços

1. Coloque todos os ingredientes em uma panela de barro.
2. Cozinhe em fogo alto por 8 horas.
3. Coe e reserve o líquido. Amasse o feijão, adicionando o líquido reservado conforme necessário. Sirva com linguiça e sua salada preferida.

Chutou Cajun Jambalaya

(Pronto em cerca de 8 horas | Serve 12)

Ingredientes

- 1 (28 onças) lata de tomate, em cubos
- 1 quilo de peito de frango, sem pele, sem osso e cortado em pedaços pequenos
- 1 libra de linguiça Andouille, fatiada
- 1 cebola grande, picada
- 1 talo de aipo picado
- 1 pimentão picado
- 1 xícara de aipo picado
- 1 xícara de caldo de galinha
- 1 colher de chá de folhas secas de manjericão
- 1 colher de chá de orégano seco
- 1 colher de chá de tempero cajun
- 1 colher de chá de pimenta caiena
- 1 quilo de camarão sem cauda congelado cozido
- 1 xícara de arroz cozido

Endereços

1. Numa panela de barro, coloque todos os ingredientes menos o camarão e o arroz cozido.

2. Tampe e cozinhe por 8 horas em fogo baixo.

3. Adicione o camarão e o arroz cozido durante os últimos 30 minutos de cozimento. Desfrutar!

Porco Assado Picante

(Pronto em cerca de 8 horas | Serve 8)

Ingredientes

- 1 cebola roxa grande, fatiada
- 2 dentes de alho picados
- 2 libras de lombo de porco assado, sem osso
- 1 xícara de água
- 2 colheres de açúcar mascavo
- 3 colheres de sopa de vinho tinto seco
- 2 colheres de sopa de molho Worcestershire
- 1/4 xícara de suco de tomate
- 1/2 colher de chá de sal
- 1/2 colher de chá de pimenta preta

Endereços

1. Coloque as rodelas de cebola e os alhos picados no fundo de uma panela de barro; coloque o assado por cima.

2. Em um copo ou tigela medidora, misture o restante dos ingredientes; despeje sobre o lombo de porco assado.

3. Cubra e cozinhe em fogo alto por 3 a 4 horas ou em fogo baixo por 8 horas. Sirva sobre purê de batatas.

Folhas de repolho recheadas abundantes

(Pronto em cerca de 8 horas | Serve 4)

Ingredientes

- 8 folhas grandes de couve
- 1 libra de carne moída magra
- 1/4 xícara de cebola bem picada
- 1/4 xícara de água
- 1 pimentão vermelho
- 1/4 xícara de arroz cozido
- 3/4 colher de chá de sal
- 1/4 colher de chá de pimenta preta moída
- 1 ½ xícara de molho de tomate
- 1 (16 onças) lata de tomate, em cubos

Endereços

1. Coloque as folhas de couve em água fervente e cozinhe até amaciar; drenar.

2. Combine a carne moída e os ingredientes restantes, exceto o molho de tomate e os tomates. Recheie as folhas de couve, dobrando as pontas e as laterais.

3. Adicione o molho de tomate e os tomates; tampe e cozinhe por cerca de 8 horas.

4. Sirva com uma colher de creme azedo.

Lombo de Porco Refogado com Leite

(Pronto em cerca de 4 horas | Serve 8)

Ingredientes

- Pimenta preta moída, a gosto
- Sal fino de cozinha, a gosto
- 1 lombo de porco assado, sem osso
- 1 xícara de cebolinha verde picada
- 2 dentes de alho picados
- 1/2 xícara de leite
- 1/4 xícara de vinho tinto seco
- 1 colher de chá de sálvia seca
- 1 colher de chá de alecrim seco
- cebolinha para decorar

Endereços

1. Esfregue pimenta-do-reino e sal no lombo de porco assado. Coloque em uma panela de barro.

2. Polvilhe as cebolas picadas e os alhos picados por cima; em seguida, adicione o leite e o vinho combinados. Polvilhe com sálvia e alecrim.

3. Cubra e cozinhe por cerca de 4 horas.

4. Polvilhe com cebolinha fresca e sirva!

Purê De Batatas Com Cenouras

(Pronto em cerca de 3 horas | Serve 8)

Ingredientes

- 5 libras de batatas vermelhas, cortadas em pedaços
- 2 dentes de alho picados
- 2 cenouras, em fatias finas
- 1 cubo de caldo de galinha
- 1 xícara de creme de leite
- 1 xícara de requeijão
- 1/2 xícara de manteiga
- 1/2 colher de chá de sal
- 1/2 colher de chá de pimenta preta moída

Endereços

1. Em uma panela grande com água fervente, cozinhe as batatas, o alho, a cenoura e o caldo de galinha por cerca de 15 minutos. Reserva de água.

2. Em seguida, faça purê de batatas cozidas com creme de leite e cream cheese.

3. Transfira o purê de batata para a panela de barro; cubra a panela de barro com uma tampa, cozinhe em fogo baixo por cerca de 3 horas.

4. Adicione a manteiga; polvilhe com sal e pimenta-do-reino; participar.

presunto cozido festivo

(Pronto em cerca de 8 horas | Porções 24)

Ingredientes

- 1 presunto de piquenique curado com osso
- 2 xícaras de açúcar mascavo embalado
- 1/4 colher de chá de cravo moído
- 2 colheres de vinagre balsâmico

Endereços

1. Espalhe o açúcar mascavo e os cravos moídos no fundo da panela de barro.
2. Coloque o presunto na panela de barro e adicione o vinagre balsâmico.
3. Cubra e cozinhe por cerca de 8 horas.

Manteiga de maçã favorita da família

(Pronto em cerca de 10 horas | Porções 24)

Ingredientes

- 5 libras de maçãs, descascadas, sem caroço e picadas
- 4 xícaras de açúcar mascavo
- 1/2 colher de chá de noz-moscada ralada
- 1 colher de sopa de canela em pó
- 1/2 colher de chá de cravo moído
- Uma pitada de sal

Endereços

1. Coloque as maçãs picadas em sua panela de barro.

2. Em uma tigela média, misture os ingredientes restantes até que tudo esteja bem combinado.

3. Despeje esta mistura sobre as maçãs na panela de barro e mexa para combinar.

4. Cubra e cozinhe em fogo alto por 1 hora. Abaixe o fogo e cozinhe por cerca de 9 horas. Mexa com um fouet e leve à geladeira.

Frango italiano com brócolis

(Pronto em cerca de 9 horas | Serve 6)

Ingredientes

- 3 peitos de frango, sem pele e sem osso
- 1 xícara de molho de salada estilo italiano
- 1 ½ xícaras de creme de frango
- 1 xícara de caldo de galinha
- 1 xícara de requeijão
- 1 colher de chá de orégano seco
- 1/2 colher de chá de manjericão seco
- Sal de aipo, a gosto
- Pimenta preta moída, a gosto
- Pimenta caiena, a gosto

Endereços

1. Em uma panela de barro, misture os peitos de frango com o molho italiano.

2. Tampe, coloque a panela de barro em fogo baixo e cozinhe por 8 horas.

3. Desfie a carne de frango e coloque-a de volta na panela de barro. Em uma tigela média, misture os ingredientes restantes.

4. Despeje sobre o frango desfiado na panela de barro; adicione brócolis. Abaixe o fogo e continue cozinhando por cerca de 1 hora.

Presunto Defumado De Laranja Doce

(Pronto em cerca de 3 horas | Serve 10)

Ingredientes
- 3 quilos de presunto defumado, sem osso
- 1/3 xícara de suco de laranja
- 1/4 xícara de mel
- 1 colher de chá de pimenta da Jamaica
- 1/2 colher de chá de canela em pó
- 11/2 colheres de sopa de amido de milho
- 1/4 xícara de água fria
- 2 colheres de sopa de xerez seco

Endereços
1. Coloque todos os ingredientes, exceto o amido de milho, a água e o xerez, em uma panela de barro.
2. Cubra e cozinhe até que o presunto esteja macio ou cerca de 3 horas. Transfira o presunto preparado para uma travessa.
3. Meça 1 xícara de caldo em uma frigideira; aqueça até ferver; adicione os ingredientes combinados restantes por cerca de 1 minuto.
4. Sirva o presunto com o molho e bom apetite!

Frango Xerez com Purê de Batatas

(Pronto em cerca de 4 horas | Serve 4)

Ingredientes

Para o frango xerez:
- 1/4 xícara de xerez seco
- 1 xícara de passas
- 4 peitos de frango médios
- 1 torta de maçã cozida, descascada e picada
- 1 cebola doce, fatiada
- 1 xícara de caldo de galinha
- Sal e pimenta a gosto

Para o purê de batata:
- 2 libras de batatas Idaho, descascadas e cozidas
- 1/4 creme azedo
- 1/3 xícara de leite integral
- 2 colheres de manteiga
- 1 colher de chá de sal marinho
- 1/4 colher de chá de pimenta preta
- 1/4 colher de chá de pimenta caiena

Endereços

1. Em uma panela de barro, coloque todos os ingredientes para o frango xerez; tampe e cozinhe em fogo alto até que os peitos de frango estejam macios ou 3 a 4 horas.

2. Enquanto isso, bata as batatas, adicionando creme de leite, leite e manteiga; bata até ficar homogêneo e uniforme.

3. Tempere com especiarias e sirva ao lado com frango xerez.

Frango chutado com abobrinha

(Pronto em cerca de 4 horas | Serve 6)

Ingredientes

- 3 peitos de frango médios cortados ao meio
- 1 xícara de leite de amêndoa
- 1/4 xícara de água
- 1/4 xícara de suco de limão
- 2 dentes de alho picados
- 1 cebola média picada
- Sal a gosto
- pimenta vermelha a gosto
- 1 colher de chá de gengibre moído
- 1 colher de chá de cominho moído
- 1 libra de abobrinha, fatiada
- 1 colher de farinha de milho
- 2 colheres de sopa de água
- 1/3 xícara de salsa fresca picada
- 4 xícaras de arroz cozido

Endereços

1. Coloque todos os ingredientes, exceto a abobrinha, o fubá, a água, a salsinha e o arroz, na panela de barro.

2. Cubra e cozinhe por cerca de 4 horas, adicionando abobrinha durante os últimos 30 minutos de cozimento. Reserve os peitos de frango.

3. Aumente o fogo e continue cozinhando por 10 minutos; adicione o fubá e a água combinados, mexendo por cerca de 3 minutos.

4. Polvilhe com salsa; sirva sobre o arroz.

Galinhas festivas da Cornualha

(Pronto em cerca de 6 horas | Serve 4)

Ingredientes

- 2 galinhas da Cornualha congeladas, descongeladas
- 1/2 colher de chá de sal marinho
- 1/4 colher de chá de pimenta preta moída
- 1/2 colher de chá de pimenta caiena
- 1 dente de alho picado
- 1/3 xícara de caldo de galinha
- 2 colheres de fubá
- 1/4 xícara de água

Endereços

1. Polvilhe as galinhas da Cornualha com sal, pimenta do reino e pimenta caiena; adicione o alho picado e coloque em uma panela de barro. Despeje o caldo de galinha.

2. Tampe e cozinhe em fogo baixo por 6 horas. Retire as galinhas da Cornualha e reserve.

3. Adicione o fubá e a água combinados, mexendo por 2 a 3 minutos; participar.

Salmão com Molho de Alcaparras

(Pronto em cerca de 45 minutos | Serve 4)

Ingredientes
- 1/2 xícara de vinho branco seco
- 1/2 xícara de água
- 1 cebola amarela, em fatias finas
- 1/2 colher de chá de sal
- 1/4 colher de chá de pimenta preta
- 4 filés de salmão
- 2 colheres de manteiga
- 3 colheres de farinha
- 1 xícara de caldo de galinha
- 2 colheres de chá de suco de limão
- 3 colheres de alcaparras

Endereços

1. Combine vinho, água, cebola, sal e pimenta-do-reino em uma panela de barro; tampe e cozinhe em fogo alto por 20 minutos.

2. Adicione os filés de salmão; tampe e cozinhe em fogo alto até que o salmão esteja macio ou cerca de 20 minutos.

3. Para fazer o molho, em uma frigideira pequena, derreta a manteiga em fogo médio. Adicione a farinha e cozinhe por 1 minuto.

4. Despeje o caldo de galinha e o suco de limão; bata 1 a 2 minutos. Adicione alcaparras; sirva o molho com salmão.

Pão de salmão com ervas e molho

(Pronto em cerca de 5 horas | Serve 4)

Ingredientes

Para o rolo de carne de salmão:
- 1 xícara de farinha de rosca fresca
- 1 lata (7 ½ onças) de salmão escorrido
- 1/4 xícara de cebolinha picada
- 1/3 xícara de leite integral
- 1 ovo
- 1 colher de sopa de suco de limão fresco
- 1 colher de chá de alecrim seco
- 1 colher de chá de coentro moído
- 1/2 colher de chá de feno-grego
- 1 colher de chá de sementes de mostarda
- 1/2 colher de chá de sal
- 1/4 colher de chá de pimenta branca

Para o molho:
- 1/2 xícara de pepino picado
- 1/2 xícara de iogurte natural com baixo teor de gordura
- 1/2 colher de chá de endro

•Sal a gosto

Endereços

1. Forre sua panela de barro com papel alumínio.

2. Misture todos os ingredientes para o rolo de carne de salmão até que tudo esteja bem incorporado; Forme um pão e coloque na panela de barro.

3. Cubra com uma tampa adequada e cozinhe em fogo baixo por 5 horas.

4. Combine todos os ingredientes para o molho; bater para combinar.

5. Sirva o bolo de carne com o molho preparado.

Lazy Man Macarrão com Queijo

(Pronto em cerca de 4 horas | Serve 4)

Ingredientes
- Spray de cozinha antiaderente com sabor a manteiga
- 16 onças de macarrão à escolha
- 1/2 xícara de manteiga derretida
- 1 lata (12 onças) de leite evaporado
- 1 xícara de leite
- 4 xícaras de queijo Colby jack ralado

Endereços

1. Unte levemente uma panela de barro com spray de cozinha.

2. Antes de tudo, cozinhe o macarrão de sua preferência conforme as instruções da embalagem; enxágue e escorra; transfira para a panela de barro.

3. Adicione o restante dos ingredientes e mexa bem. Cozinhe em fogo baixo por 3 a 4 horas. Desfrutar!

Frango mediterrâneo com abobrinha

(Pronto em cerca de 8 horas | Serve 4)

Ingredientes

- 4 peitos de frango médios, sem pele
- 2 xícaras de tomates pequenos em cubos
- 1 cubo de caldo
- 1/2 xícara de vinho branco seco
- 1/2 xícara de água
- 1 abobrinha média, fatiada
- 1 cebola grande, picada
- 1/3 xícara de bulbo de erva-doce, picado
- 1 colher de chá de cominho moído
- 1 colher de chá de folhas secas de manjericão
- 1 folha de louro
- Uma pitada de pimenta preta
- 1/4 xícara de azeitonas sem caroço e fatiadas
- 1 colher de chá de suco de limão.
- 3 xícaras de arroz cozido

Endereços

1. Coloque todos os ingredientes, exceto as azeitonas, o suco de limão e o arroz cozido, em uma panela de barro; tampe e cozinhe por cerca de 8 horas, adicionando azeitonas sem caroço durante os últimos 30 minutos de cozimento.

2. Adicione o suco de limão; descarte a folha de louro. Sirva sobre o arroz cozido e aproveite.

Abóbora Espaguete Recheada Mediterrânea

(Pronto em cerca de 8 horas | Serve 4)

Ingredientes

- 1 abóbora espaguete de tamanho médio, cortada ao meio no sentido do comprimento e sem sementes
- 2 tomates Roma, em cubos
- 2 (6 onças) latas de atum em água, escorridas e lascadas
- 1 colher de chá de folhas secas de manjericão
- 1 colher de chá de folhas secas de orégano
- 1/2 colher de chá de tomilho seco
- Sal a gosto
- pimenta preta a gosto
- Pimenta caiena, a gosto
- 1/2 xícara de água
- 1/4 xícara de Pecorino Romano, ralado

Endereços

1. Coloque as metades da abóbora em um prato.

2. Em um copo medidor ou tigela, misture todos os ingredientes, exceto a água e o Pecorino Romano. Despeje esta mistura em metades de abóbora e coloque na panela de barro.

3. Adicione água à panela de barro; tampe e cozinhe por 6 a 8 horas em fogo baixo.

4. Polvilhe com Pecorino Romano e sirva.

Caçarola de tomate todos os dias

(Pronto em cerca de 3 horas | Serve 6)

Ingredientes

- 8 onças de macarrão, cozido
- 1 lata (16 onças) de tomates pequenos em cubos, escorridos
- 1/2 xícara de alho-poró picado
- 1 xícara de leite integral
- 1 xícara de água
- 1 colher de farinha de milho
- 3 ovos levemente batidos
- 1/2 xícara de queijo picante ralado
- 1/2 colher de chá de canela em pó
- Sal a gosto
- Páprica, como guarnição

Endereços

1. Combine o macarrão, tomate e alho-poró em uma panela de barro.

2. Em uma tigela, misture os demais ingredientes, exceto a páprica; Despeje sobre o macarrão na panela de barro.

3. Cozinhe por cerca de 3 horas ou até o creme ficar firme; divida entre os pratos de servir e polvilhe com páprica.

Caçarola de Macarrão Quatro Queijos

(Pronto em cerca de 3 horas | Serve 8)

Ingredientes

- Spray de cozinha antiaderente com sabor a manteiga
- 3 xícaras de leite integral
- 1/3 xícara de farinha de trigo
- 1 xícara de Colby-Jack, desintegrado
- 1 xícara de mussarela ralada
- 1 xícara de queijo cheddar, ralado
- 500 g de macarrão cozido al dente
- 1/2 xícara de queijo parmesão

Endereços

1. Trate uma panela de barro com spray de cozinha.
2. Em uma tigela grande, misture o leite e a farinha até ficar homogêneo; adicione os ingredientes restantes, exceto o macarrão e o queijo parmesão.
3. Adicione o macarrão e polvilhe com queijo parmesão.
4. Tampe e cozinhe em fogo baixo por 3 horas.

Caçarola cremosa de macarrão com legumes

(Pronto em cerca de 5 horas | Serve 6)

Ingredientes
- 1 xícara de leite 2% desnatado
- 1 ½ xícaras de creme de cogumelos
- 2 colheres de sopa de maionese com gordura reduzida
- 1 xícara de queijo processado, ralado
- 1 pimenta verde
- 1 cenoura grande, picada
- 1/3 talo de aipo picado
- 1/3 xícara de cebola picada
- 1/4 colher de chá de sal marinho
- 1/4 colher de chá de pimenta preta moída
- 6 onças de macarrão, cozido al dente
- 1/2 xícara de grão de bico
- 1 colher de sopa de manteiga
- 1/3 xícara de farinha de rosca fresca
- 1/3 xícara de pinhões picados

Endereços

1.Em uma panela de barro, misture os dez primeiros ingredientes.

2.Adicione macarrão cozido; cubra com uma tampa adequada e cozinhe em fogo baixo por 5 horas. Adicione o grão-de-bico durante os últimos 30 minutos de cozimento.

3.Em uma frigideira de ferro fundido, derreta a manteiga em fogo médio; cozinhe a farinha de rosca e os pinhões por cerca de 5 minutos. Polvilhe na caçarola preparada e sirva!

massa à bolonhesa à moda antiga

(Pronto em cerca de 7 horas | Serve 6)

Ingredientes
- 1/2 libra de carne de porco moída
- 1/2 libra de carne moída
- 1/4 xícara de cebola picada
- 3 dentes de alho, picados
- 1/4 xícara de cenoura picada
- 1 1/2 colheres de chá de tempero italiano seco
- 1 lata (8 onças) de molho de tomate, não drenado
- 1 tomate grande, em cubos
- 1/4 xícara de vinho tinto seco
- 1 colher de chá de sal marinho
- 1/4 colher de chá de pimenta
- 1/4 colher de chá de pimenta caiena
- 12 onças de espaguete, cozido

Endereços

1. Em uma frigideira antiaderente pesada, doure a carne moída em fogo médio por 8 minutos; desfie com um garfo.

2. Adicione os ingredientes restantes, exceto o espaguete, à panela de barro. Cubra e cozinhe em fogo baixo por 6 a 7 horas.

3. Sirva o molho preparado sobre o espaguete e sirva quente.

Enchiladas Mexicanas Tradicionais

(Pronto em cerca de 1 hora e 15 minutos | Serve 6)

Ingredientes

- 1 libra de mistura de carne suína e bovina moída
- 3 fatias de bacon canadense picadas
- 1 ¼ xícaras de água
- 1 (1 onça) pacote de mistura de tempero para taco
- 1 xícara de molho grosso
- 2 xícaras de caldo de galinha
- sal marinho, a gosto
- 4 xícaras de mistura de queijo mexicano, ralado
- 10 tortilhas de milho cortadas em quartos

Endereços

1. Em uma panela larga, cozinhe a carne moída e o bacon em fogo médio. Cozinhe até dourar ou cerca de 10 minutos.

2. Em uma tigela média, misture a água, a mistura de tempero para taco, a salsa, o caldo de galinha, o sal e 2 xícaras de queijo.

3. Coloque uma camada de tortilhas no fundo de uma panela de barro. Adicione uma camada de carne moída e, em seguida, despeje uma camada da mistura de molho sobre ela.

4. Repita as camadas mais uma vez, terminando com a camada de tortilla. Cubra com as 2 xícaras restantes de queijo.

5. Cubra com uma tampa; cozinhe em fogo alto por 1 hora.

peitos de frango recheados

(Pronto em cerca de 3 horas | Serve 4)

Ingredientes

- 1/2 xícara de queijo picante, ralado
- 1 pimentão vermelho picado
- 1 pimentão verde picado
- 1 pimentão amarelo picado
- 2 colheres de sopa de salsa fresca picada
- 1/4 xícara de coentro, picado
- 1/4 xícara de tomates, em cubos
- 1/2 colher de chá de pimenta em pó
- 1/2 colher de chá de sal de aipo
- 4 peitos de frango pequenos, desossados e batidos com espessura de 1/4 de polegada

Endereços

1. Em uma tigela, misture todos os ingredientes, exceto o frango.
2. Espalhe esta mistura sobre o peito de frango. Enrole bem os peitos de frango e prenda com palitos ou espetos.
3. Coloque os rolinhos de frango na panela de barro. Tampe e cozinhe por 3 horas em fogo alto.

Macarrão com molho de tomate

(Pronto em cerca de 7 horas | Serve 6)

Ingredientes

- 4 tomates grandes picados
- 1 cebola amarela grande, finamente picada
- 2 dentes de alho picados
- 1/2 xícara de vinho tinto seco
- 2 colheres de molho de tomate
- 1 colher de sopa de açúcar mascavo
- 1 colher de chá de folhas secas de orégano
- 1 colher de chá de sementes de aipo
- 1 colher de chá de folhas secas de tomilho
- 1/8 colher de chá de páprica
- 1/4 colher de chá de sal kosher
- 12 onças de macarrão, cozido e quente

Endereços

1. Combine todos os ingredientes, exceto o macarrão, em sua panela de barro.
2. Tampe e cozinhe por 7 horas em fogo baixo.
3. Sirva o molho sobre o macarrão e aproveite.

Farfalle com Molho de Cogumelos

(Pronto em cerca de 8 horas | Serve 6)

Ingredientes
- 1 cebola finamente picada
- 2 dentes de alho picados
- 1 tomate médio sem casca picado
- 1 ½ xícaras de creme de cogumelos
- 2 colheres de molho de tomate
- 1 colher de sopa de açúcar mascavo
- 1 colher de chá de folhas secas de orégano
- 1 xícara de cogumelos, em fatias finas
- 1 colher de chá de folhas secas de manjericão
- 1/4 colher de chá de sal kosher
- 1/4 colher de chá de pimenta preta moída
- 12 onças Farfalle, cozido e quente

Endereços
1. Em uma panela de barro, coloque todos os ingredientes menos o farfalle.
2. Cubra com uma tampa e cozinhe cerca de 8 horas em fogo baixo.
3. Despeje o molho de cogumelos sobre o Farfalle e sirva.

Risi Bisi do norte da Itália

(Pronto em cerca de 1 hora e 30 minutos | Serve 4 pessoas)

Ingredientes
- 1 xícara de água
- 2 xícaras de caldo de legumes
- 1/2 xícara de cebolinha verde bem picada
- 2 dentes de alho picados
- 1 ½ xícaras de arroz
- 1 colher de chá de folhas secas de orégano
- 1 colher de sopa de folhas secas de manjericão
- Pimenta preta moída, a gosto
- Pimenta caiena, a gosto
- 8 onças de ervilhas verdes, aparadas
- 1 colher de chá de suco de limão fresco
- 1/2 xícara de queijo parmesão ralado

Endereços

1. Em uma panela de barro, coloque todos os ingredientes, exceto as ervilhas, o suco de limão e o queijo.

2. Cubra e cozinhe em fogo alto por cerca de 1 ¼ horas ou até que o líquido seja quase absorvido. Adicione as ervilhas nos últimos 15 minutos de cozimento.

3. Adicione o suco de limão e o queijo; Divida em pratos de servir e sirva.

Risoto de pecorino e ervilha

(Pronto em cerca de 1 hora e 30 minutos | Serve 4 pessoas)

Ingredientes

- 2 xícaras de caldo de legumes
- 1 xícara de suco de tomate
- 1/2 xícara de chalotas finamente picadas
- 2 dentes de alho picados
- 1 ½ xícaras de frango cozido, em cubos
- 1 ½ xícaras de arroz
- 1 colher de chá de tempero italiano seco
- Sal a gosto
- Pimenta preta moída, a gosto
- páprica, a gosto
- 8 onças de ervilhas verdes, aparadas
- 1/2 xícara de queijo pecorino ralado

Endereços

1. Em sua panela de barro, coloque todos os ingredientes, exceto as ervilhas e o queijo pecorino.

2. Cobrir; cozinhe em lume alto cerca de 1 hora e 30 minutos, acrescentando as ervilhas nos últimos 15 minutos de cozedura.

3. Adicione o queijo e sirva quente.

Risoto com Abobrinha e Abóbora Amarela

(Pronto em cerca de 1 hora e 25 minutos | Serve 4 pessoas)

Ingredientes
- 3 xícaras de caldo de legumes
- 1 cebola média picada
- 2 dentes de alho picados
- 1 xícara de cogumelos cremini fatiados
- 1 colher de chá de alecrim seco
- 1 ½ xícaras de arroz de grão curto
- 1 xícara de abobrinha em cubos
- 3/4 xícara de abobrinha amarela, em cubos
- 1 batata doce, descascada em cubos
- 1/4 xícara de queijo pecorino ralado
- 1/2 colher de chá de sal marinho
- 1/2 colher de chá de pimenta preta moída
- 1/2 colher de chá de pimenta caiena

Endereços

1. Combine todos os ingredientes, exceto o queijo, em sua panela de barro.

2. Cubra e cozinhe em fogo alto por cerca de 1 ¼ horas ou até que o arroz esteja al dente.

3. Adicione o queijo; Divida entre quatro pratos de servir e aproveite.

Bolo de Ovos com Cogumelos

(Pronto em cerca de 4 horas | Serve 4)

Ingredientes

- 4 ovos grandes
- 1/4 xícara de farinha de trigo
- 1/2 colher de chá de bicarbonato de sódio
- 1/4 colher de chá de sal
- 1/8 colher de chá de pimenta preta moída na hora
- 2 xícaras de queijo Colby Jack, ralado
- 1 xícara de requeijão light
- 1 pimenta chipotle picada
- 1 xícara de cogumelos, fatiados
- 1/2 colher de chá de alecrim seco
- 1/2 colher de chá de folhas secas de manjericão

Endereços

1. Em uma tigela grande, bata os ovos até ficarem espumosos; Misture a farinha, o bicarbonato, o sal e a pimenta-do-reino moída. Adicione os ingredientes restantes.

2. Despeje a mistura em uma panela de barro untada; tampe e cozinhe por cerca de 4 horas em fogo baixo.

3. Divida entre quatro pratos de servir e divirta-se!

risoto de maçã aromática

(Pronto em cerca de 9 horas | Serve 6)

Ingredientes

- 1/4 xícara de manteiga derretida
- 1 ½ xícaras de arroz arbóreo
- 3 maçãs sem caroço e fatiadas
- 1/4 colher de chá de noz-moscada moída na hora
- 1/4 colher de chá de cravo moído
- 1 colher de chá de canela em pó
- 1/3 xícara de açúcar mascavo
- Uma pitada de sal
- 1 xícara de suco de maçã
- 2 xícaras de leite integral
- 1 xícara de água

Endereços

1. Adicione a manteiga e o arroz à panela de barro.
2. Em seguida, adicione o restante dos ingredientes; mexa para combinar.
3. Tampe e cozinhe por 9 horas em fogo baixo. Sirva com frutas secas, se desejar.

Delicioso suflê salgado

(Pronto em cerca de 3 horas | Serve 8)

Ingredientes

- 8 fatias de pão
- 8 onças de queijo cheddar, ralado
- 8 onças de queijo mussarela, ralado
- Spray de cozinha antiaderente
- 2 xícaras de leite evaporado desnatado
- 4 ovos
- 1/4 colher de chá de pimenta da Jamaica

Endereços

1. Corte o pão em pedaços e reserve.

2. Junte os queijos e reserve.

3. Unte sua panela de barro com spray de cozinha antiaderente. Em seguida, adicione o pão e o queijo. Mexa para combinar.

4. Em um copo medidor ou tigela, misture o leite, os ovos e a pimenta da Jamaica. Despeje sobre o pão e o queijo na panela de barro. Cozinhe por 2 a 3 horas em fogo baixo.

5. Sirva polvilhado com azeitonas sem caroço picadas, se desejar.

Esparguete com Espargos e Feijão

(Pronto em cerca de 3 horas | Serve 8)

Ingredientes
- 1 (15 onças) de feijão Great Northern, lavado e escorrido
- 3/4 xícara de caldo de legumes
- 2 tomates, ameixa picada
- 1 cenoura picada
- 1 colher de chá de folhas secas de manjericão
- 1 colher de chá de folhas secas de alecrim
- Sal e pimenta a gosto
- 1 libra de aspargos fatiados
- 8 onças de espaguete, cozido
- 1/2 xícara de queijo parmesão, ralado

Endereços

1. Combine todos os ingredientes, exceto os aspargos, espaguete e queijo, em sua panela de barro.

2. Cozinhe em lume brando cerca de 3 horas, acrescentando os espargos nos últimos 30 minutos de cozedura.

3. Ajuste os temperos a seu gosto, em seguida acrescente o espaguete e o queijo parmesão; participar.

Feijão Verde Fácil e Delicioso

(Pronto em cerca de 4 horas | Serve 8)

Ingredientes

- 1 quilo de feijão verde
- 4 tomates grandes picados
- 1/2 xícara de chalotas picadas
- 3 dentes de alho, picados
- 1 colher de chá de folhas secas de manjericão
- 1 colher de chá de alecrim seco
- 1/2 colher de chá de sal de aipo
- 1/4 colher de chá de pimenta preta
- 1/4 colher de chá de pimenta caiena

Endereços

1. Combine todos os ingredientes em sua panela de barro.
2. Cubra com uma tampa; em seguida, cozinhe em fogo alto por cerca de 4 horas ou até que o feijão esteja macio.
3. Sirva com uma entrada de pássaro.

delícia mediterrânea vegana

(Pronto em cerca de 2 horas | Serve 8)

Ingredientes
- 2 xícaras de feijão verde
- 1/4 xícara de cebola bem picada
- 2 dentes de alho picados
- 1 pimentão vermelho grande, picado
- 1 cenoura grande, picada
- 1 colher de chá de raiz de gengibre, moída
- 1/2 xícara de água
- 1 xícara de feijão preto enlatado, escorrido
- 1 colher de sopa de vinagre de vinho de arroz
- 2 colheres de chá de molho tamari
- 1/2 colher de chá de sal marinho
- 1/4 colher de chá de pimenta preta moída

Endereços

1. Em sua panela de barro, misture o feijão verde, cebola, alho, pimentão, cenoura, raiz de gengibre e água; cubra com uma tampa e coloque a panela de barro em fogo alto.

2. Cozinhe cerca de 1 hora e meia; drenar. Adicione os ingredientes restantes e cozinhe por mais 30 minutos. Prove, ajuste os temperos e sirva.

Feijão quente

(Pronto em cerca de 6 horas | Serve 8)

Ingredientes

- 1 xícara de cebola picada
- 2 (15 onças) latas de feijão carioca, enxaguadas e escorridas
- 1 pimenta serrano picada
- 1 pimenta jalapeno, finamente picada
- 1 xícara de milho em grão inteiro
- 1 xícara de tomate cereja, cortados ao meio
- 2 colheres de açúcar
- 1/2 colher de chá de folhas secas de tomilho
- 1 folha de louro
- 1/2 colher de chá de sal marinho
- 1/4 colher de chá de pimenta branca
- 1/2 xícara de queijo pecorino ralado
- 1/4 xícara de salsa fresca, finamente picada

Endereços

1. Combine todos os ingredientes, exceto o queijo e a salsa, em sua panela de barro.

2. Cubra e cozinhe em fogo baixo por 5 a 6 horas.

3. Polvilhe com queijo e salsa e sirva!

Feijão Cannellini Cozido com Ervas

(Pronto em cerca de 6 horas | Serve 6)

Ingredientes
- 1 xícara de caldo de legumes
- 3 (15 onças) latas de feijão cannellini
- 1/2 xícara de alho-poró picado
- 2-3 dentes de alho picados
- 1 talo de aipo picado
- 1 pimentão vermelho doce, picado
- 1 colher de chá de sálvia seca
- 2 folhas de louro
- 6 tomates secos, amolecidos e fatiados
- 1/2 colher de chá de páprica
- 1/2 colher de chá de sal marinho
- 1/4 colher de chá de pimenta preta moída na hora

Endereços
1. Coloque todos os ingredientes em sua panela de barro.
2. Cubra e cozinhe por 5 a 6 horas em fogo baixo. Sirva com linguiça e sua salada favorita, se desejar.

Feijão delicioso com especiarias doces

(Pronto em cerca de 6 horas | Serve 10)

Ingredientes

- 1 ½ xícaras de alho-poró picado
- 4 (15 onças) latas de feijão Great Northern, enxaguadas e escorridas
- 2 colheres de sopa de raiz de gengibre finamente picada
- 3 dentes de alho, picados
- 1 colher de açúcar
- 1 xícara de extrato de tomate
- 1 colher de chá de sementes de mostarda
- 1 colher de chá de folhas secas de tomilho
- 1 colher de chá de folhas de sálvia secas
- 1/4 colher de chá de noz-moscada ralada
- 2 folhas de louro
- pimenta preta a gosto
- 5-6 grãos de pimenta
- 1/2 xícara de migalhas de gengibre, moídas grosseiramente

Endereços

1. Combine todos os ingredientes, exceto as migalhas de gengibre, em uma panela de barro.

2. Cubra a panela com uma tampa e cozinhe por 6 horas em fogo baixo, adicionando migalhas de gengibre na última hora.

3. Descarte as folhas de louro e sirva quente.

Mel Beterraba Fácil Com Passas

(Pronto em cerca de 2 horas e 30 minutos | Serve 6)

Ingredientes

- 2 xícaras de água quente
- 1 ½ quilo de beterraba média
- 1 cebola roxa grande, bem picada
- 2 dentes de alho picados
- 1/4 xícara de passas
- 3 colheres de sopa de pinhões torrados
- 1/4 xícara de mel
- 3 colheres de sopa de vinagre de vinho tinto
- 1 colher de sopa de azeite
- Sal e pimenta a gosto

Endereços

1. Em uma panela de barro, coloque água quente e beterraba; tampe e cozinhe em fogo alto por cerca de 2 horas; drenar.

2. Em seguida, descasque as beterrabas e corte-as em pedaços pequenos. Volte para a panela de barro; adicione os ingredientes restantes.

3. Cozinhe por mais 30 minutos. Sirva com uma entrada de aves e divirta-se!

Couve de Bruxelas Vitrificada com Cebola Pérola

(Pronto em cerca de 2 horas e 10 minutos | Serve 6)

Ingredientes

- 8 onças de cebola pérola congelada, descongelada
- 8 onças pequenas couves de Bruxelas
- 1 1/2 xícaras de água quente
- 1/4 colher de chá de pimenta preta moída
- 1/4 colher de chá de pimenta caiena
- 1/2 colher de chá de sal marinho
- 1 colher de margarina
- 1/4 xícara de açúcar mascavo

Endereços

1. Combine cebola pérola, couve de Bruxelas e água quente em uma panela de barro.

2. Cubra com a tampa e cozinhe em fogo alto por cerca de 2 horas ou até que os legumes estejam macios; drenar. Tempere com pimenta preta, pimenta caiena e sal marinho.

3. Adicione a margarina e o açúcar e cozinhe por mais 10 minutos. Sirva quente e aproveite.

Purê de batata e cenoura com ervas

(Pronto em cerca de 3 horas e 30 minutos | Serve 8)

Ingredientes

- 2 xícaras de batata descascada em cubos
- 2 libras de cenouras, fatiadas
- 1 xícara de água
- 2 colheres de manteiga
- 1/4 xícara de leite morno
- 1/2 colher de chá de alecrim seco
- 1/2 colher de chá de pimenta da Jamaica
- 1/2 colher de chá de sementes de aipo
- 1 colher de chá de manjericão seco
- 1 colher de chá de orégano seco
- 1/2 colher de chá de sal
- 1/2 colher de chá de flocos de pimenta vermelha esmagada

Endereços

1. Coloque as batatas, as cenouras e a água na panela de barro; cubra com uma tampa e cozinhe por 3 horas em fogo alto. Seque bem.

2. Bata as batatas e cenouras cozidas em um processador de alimentos até ficar cremoso e homogêneo; Volte para a panela de barro. Descubra e cozinhe em fogo alto cerca de 30 minutos; mexa de vez em quando.

3. Bata a manteiga e o leite no purê de batatas e cenouras. Faça uma consistência cremosa. Tempere com especiarias e sirva.

repolho de inverno com bacon

(Pronto em cerca de 4 horas | Serve 6)

Ingredientes

- 1 repolho, cortado em fatias finas
- 3/4 xícara de alho-poró picado
- 2 cenouras médias, picadas
- 1 pimentão vermelho doce, em fatias finas
- 2 dentes de alho picados
- 1/2 colher de chá de anis
- 1/4 xícara de caldo de carne enlatado
- 1/4 xícara de vinho branco seco
- Sal a gosto
- 1/2 colher de chá de pimenta preta moída
- 2 fatias de bacon picado, cozido crocante e escorrido

Endereços

1. Combine todos os ingredientes, exceto o bacon, em sua panela de barro.
2. Tampe e cozinhe em fogo alto por cerca de 4 horas ou até o repolho ficar macio.
3. Adicione o bacon, ajuste os temperos a gosto e aproveite!

Repolho Creme Vegetariano

(Pronto em cerca de 4 horas e 10 minutos | Serve 6)

Ingredientes

- 1 repolho grande, em fatias finas
- 3/4 xícara de cebola vermelha ou amarela picada
- 2 cenouras médias, picadas
- 1 pimentão doce, em fatias finas
- 2 dentes de alho picados
- 1/2 colher de chá de sementes de cominho
- 1/2 colher de chá de sementes de aipo
- 1 xícara de caldo de legumes enlatado
- Sal a gosto
- Pimenta preta moída, a gosto
- Pimenta caiena, a gosto
- 1/2 xícara de creme azedo com gordura reduzida
- 1 colher de farinha de milho

Endereços

1. Em sua panela de barro, coloque todos os ingredientes, exceto o creme de leite e o fubá.

2. Cubra com uma tampa e cozinhe por 4 horas em fogo alto.

3. Adicione o creme de leite e o fubá combinados e continue cozinhando por mais 10 minutos. Servir quente.

Incríveis cenouras com cobertura de laranja

(Pronto em cerca de 3 horas e 10 minutos | Serve 4 pessoas)

Ingredientes
- 1 libra de cenoura baby
- 3/4 xícara de suco de laranja
- 1 colher de sopa de manteiga
- 1/2 xícara de açúcar mascavo, leve embalado
- 1/2 colher de chá de pimenta da Jamaica
- 1/4 colher de chá de maça moída
- 1/2 colher de chá de sal marinho
- 1/2 colher de chá de pimenta branca
- 2 colheres de fubá
- 1/4 xícara de água

Endereços
1. Em uma panela de barro, coloque todos os ingredientes menos o fubá e a água; tampe e cozinhe em fogo alto por cerca de 3 horas ou até que as cenouras estejam macias.

2. Em uma tigela pequena, misture o fubá e a água; adicione à panela de barro. Mexa por 2 a 3 minutos.

3. Divida em quatro pratos de servir e sirva com uma entrada de carne ou peixe, se desejar.

Couve Cremosa Mediterrânea

(Pronto em cerca de 4 horas e 10 minutos | Serve 6)

Ingredientes

- 1 repolho savoy grande, fatiado
- 3/4 xícara de cebola vermelha ou amarela picada
- 1 costela de aipo, picada
- 1 pimentão verde, em fatias finas
- 1 pimentão amarelo, em fatias finas
- 2 dentes de alho picados
- 1 colher de chá de sementes de aipo
- 1 xícara de caldo de legumes enlatado
- Sal a gosto
- Pimenta preta moída, a gosto
- páprica, a gosto
- noz-moscada ralada
- 1 xícara de espinafre, cortado em pedaços
- 1/2 xícara de iogurte grego simples
- 1 colher de amido de milho

Endereços

1. Em uma panela de barro, coloque todos os ingredientes, exceto o espinafre, o iogurte e o amido de milho.

2. Cozinhe coberto por 4 horas, adicionando espinafre durante os últimos 30 minutos de cozimento e polvilhe com alguns temperos adicionais, se desejar.

3. Adicione o iogurte e o amido de milho combinados, mexendo por cerca de 10 minutos. Sirva quente e divirta-se!

principal favorito.

www.ingramcontent.com/pod-product-compliance
Lightning Source LLC
Chambersburg PA
CBHW070055110526
44587CB00013BB/1621